Rote Krimi

**Von EDGAR WALLACE**
sind im Goldmann Verlag erschienen:

Die Abenteuerin. 164
A. S. der Unsichtbare. 126
Die Bande des Schreckens. 11
Der Banknotenfälscher. 67
Bei den drei Eichen. 100
Die blaue Hand. 6
Der Brigant. 111
Der Derbysieger. 242
Der Diamantenfluß. 16
Der Dieb in der Nacht. 1060
Der Doppelgänger. 95
Die drei Gerechten. 1170
Die drei von Cordova. 160
Der Engel des Schreckens. 136
Feuer im Schloß. 1063
Der Frosch mit der Maske. 1
Gangster in London. 178
Das Gasthaus an der Themse. 88
Die gebogene Kerze. 169
Geheimagent Nr. 6. 236
Geheimnis der gelben Narzissen. 37
Das Geheimnis der Stecknadel. 173
Das geheimnisvolle Haus. 113
Die gelbe Schlange. 33
Ein gerissener Kerl. 28
Das Gesetz der Vier. 230
Das Gesicht im Dunkel. 139
Der goldene Hades. 226
Die Gräfin von Ascot. 1071
Großfuß. 65
Der grüne Bogenschütze. 150
Der grüne Brand. 1020
Gucumatz. 248
Hands up! 13
Der Hexer. 30
Im Banne des Unheimlichen. 117
In den Tod geschickt. 252
Das indische Tuch. 189
John Flack. 51
Der Joker. 159
Das Juwel aus Paris. 2128

Kerry kauft London. 215
Der leuchtende Schlüssel. 91
Lotterie des Todes. 1098
Louba der Spieler. 163
Der Mann, der alles wußte. 86
Der Mann, der seinen Namen änderte. 1194
Der Mann im Hintergrund. 1155
Der Mann von Marokko. 124
Die Melodie des Todes. 207
Die Millionengeschichte. 194
Mr. Reeder weiß Bescheid. 1114
Nach Norden, Strolch! 221
Neues vom Hexer. 103
Penelope von der »Polyantha«. 211
Der Preller. 116
Der Rächer. 60
Der Redner. 183
Richter Maxells Verbrechen. 41
Der rote Kreis. 35
Der Safe mit dem Rätselschloß. 47
Die Schuld des Anderen. 1055
Der schwarze Abt. 69
Der sechste Sinn des Mr. Reeder. 77
Die seltsame Gräfin. 49
Der sentimentale Mr. Simpson. 1214
Das silberne Dreieck. 154
Das Steckenpferd des alten Derrick. 97
Der Teufel von Tidal Basin. 80
Töchter der Nacht. 1106
Die toten Augen von London. 181
Die Tür mit den sieben Schlössern. 21
Turfschwindel. 155
Überfallkommando. 75
Der Unheimliche. 55
Der unheimliche Mönch. 203
Die unheimlichen Briefe. 1139
Das Verrätertor. 45
Der viereckige Smaragd. 195
Die vier Gerechten. 39
Zimmer 13. 44
Der Zinker. 200

EDGAR WALLACE

# Die blaue Hand

THE BLUE HAND

Kriminalroman

Wilhelm Goldmann Verlag

Aus dem Englischen übertragen von
Gregor Müller

Herausgegeben von Friedrich A. Hofschuster

Gesamtauflage: 471000

Made in Germany · 5/84 · 22. Auflage · 4661471
© der deutschsprachigen Ausgabe by Wilhelm Goldmann Verlag, München
Umschlagentwurf: Atelier Adolf & Angelika Bachmann, München
Umschlagfoto: Richard Canntown, Stuttgart
Satz: Presse-Druck Augsburg
Druck: Elsnerdruck GmbH, Berlin
Krimi 6
Lektorat: Friedrich A. Hofschuster · Herstellung: Harry Heiß
ISBN 3-442-00006-8

# 1

Mr. Septimus Salter drückte schon zum drittenmal die Klingel auf seinem Tisch und brummte unzufrieden.

Er war ein gesetzter, älterer Herr mit großem, rotem Gesicht und weißen Koteletten. Eigentlich glich er mehr einem wohlhabenden Landwirt als einem erfolgreichen Rechtsanwalt. Und doch gab es keinen gescheiteren und tüchtigeren Anwalt in London. Aber in seiner Kleidung und seinem Äußeren blieb er der Zeit treu, in der er jung gewesen war.

Ungeduldig drückte er nochmals auf den Knopf.

»Verdammter Kerl!« murmelte er vor sich hin, erhob sich und ging in das kleine Büro seines Sekretärs hinüber. Er versprach sich zwar nichts davon und erwartete, das Zimmer leer zu finden, doch hatte er sich getäuscht. Die Ellbogen aufgestützt, mit einem Bein auf dem Stuhl kniend, hing ein junger Mann über dem tintenbekleckst en Tisch und war in das Studium eines Schriftstückes vertieft.

»Steele!« rief Mr. Salter scharf.

Der junge Mann schnellte auf und sprang auf die Füße.

Er war groß, breitschultrig und sonnengebräunt. Augenblicklich machte er den verwirrten Eindruck eines ertappten Schülers, so daß man nicht vermutet hätte, daß er Offizier gewesen war, das Viktoriakreuz erhalten und in kühnen Luftkämpfen zwanzig feindliche Flugzeuge heruntergeholt hatte.

»Sie sind wirklich zu unaufmerksam, Steele!« sagte Mr. Salter vorwurfsvoll.

»Es tut mir furchtbar leid«, entschuldigte sich Jim Steele und lächelte Mr. Salter an.

»Was machen Sie denn hier?« Der Rechtsanwalt besah sich die Dokumente, die auf dem Tisch lagen. »Haben Sie immer noch nicht genug vom Fall Danton?« fragte er seufzend.

»Nein, noch nicht – ich habe das Gefühl, daß Lady Mary Danton gefunden werden könnte. Und wenn sie gefunden würde, müßte sich auch ihr damaliges plötzliches Verschwinden aufklären lassen. Allerdings würde dies jemanden sehr außer Fassung bringen ...« Er brach ab, als hätte er schon zuviel gesagt.

Mr. Salter sah ihn tadelnd an.

»Sie mögen Mr. Groat nicht?« fragte er.

»Es ist ja nicht meine Sache, ihn sympathisch oder unsympathisch zu finden. Persönlich kann ich solche Leute nicht leiden.«

Mr. Salter sah wieder auf die Papiere, die auf dem Tisch lagen.

»Legen Sie das ruhig weg, Steele, Sie werden keinen Erfolg damit haben! Wie wollen Sie eine Frau suchen, die verschwand, als Sie noch ein fünfjähriger Junge waren?«

»Ich möchte...« begann Steele und zögerte. »Sie haben recht, es geht mich nichts an, und ich hatte bis jetzt nie den Mut, Sie direkt zu fragen – trotzdem, wenn Sie einmal etwas Zeit hätten und dazu aufgelegt wären... Ich würde zu gern Einzelheiten über das Verschwinden jener Frau hören! Wie verschwand sie denn eigentlich?«

Mr. Salter runzelte die Stirn, aber dann hellte sich sein Gesicht auf.

»Steele, Sie sind der schlechteste Sekretär, den ich je hatte. Wenn ich nicht Ihr Patenonkel wäre und mich moralisch verpflichtet fühlte, Ihnen zu helfen, würde ich Ihnen einen kleinen, höflichen Brief schreiben, daß Ihre Dienste ab Ende dieser Woche nicht mehr benötigt werden.«

Jim Steele lachte.

»Das habe ich schon immer erwartet!«

Der Anwalt zwinkerte freundlich. Er mochte Jim Steele recht gut leiden, obwohl er es nach außen nicht eingestand. Der junge Mann war ihm mehr ans Herz gewachsen, als er selbst ahnte. Und nicht nur aus Freundschaft und einem gewissen Verantwortlichkeitsgefühl behielt der alte Salter Jim in seinen Diensten – Steele war ihm auch nützlich. Trotz seiner traurigen Veranlagung, Klingelzeichen zu überhören, wenn er sich mit seinem Lieblingsstudium beschäftigte, war er doch sehr vertrauenswürdig.

»Schließen Sie die Tür!« sagte Salter schroff, doch sichtlich nachgiebig. »Wenn ich Ihnen diese Geschichte erzähle, so tue ich es nicht, um Ihre Neugier zu befriedigen, sondern weil ich hoffe, Ihr Interesse am Fall Danton für immer zu beseitigen! – Lady

Mary Danton war die einzige Tochter von Lord Plimstock – als junges Mädchen heiratete sie Jonathan Danton, einen Reeder, der ein Millionenvermögen besaß. Die Ehe war nicht glücklich. Der alte Danton war ein harter, unangenehmer und auch kranker Mann. Er hatte wirklich kein gesundes Herz – übrigens ist auch Digby Groat herzkrank –, und vielleicht war zum Teil seine Krankheit dafür verantwortlich, daß er seine Frau so schlecht behandelte. Auch das kleine Mädchen, das ihnen geboren wurde, brachte sie einander nicht näher. Danton mußte eine Geschäftsreise nach Amerika antreten. Vor seiner Abreise kam er in mein Büro, und hier an diesem Tisch unterzeichnete er ein Testament, das merkwürdigste, das ich je aufgesetzt habe. Er vermachte sein ganzes Vermögen seiner kleinen Tochter Dorothy, die damals drei oder vier Monate alt war. Im Falle ihres Todes sollte das Vermögen an seine Schwester, Mrs. Groat, fallen, jedoch erst zwanzig Jahre nach dem Tode des Kindes. In der Zwischenzeit sollte Mrs. Groat nur die Einnahmen aus seinem Landgut erhalten.«

»Warum hat er diese merkwürdige Bestimmung getroffen?« fragte Jim verwundert.

»Das ist doch leicht zu verstehen. Vor allem wollte er der Gefahr vorbeugen, daß das Kind beiseite geschafft würde. Anderseits rechnete er damit, daß Lady Mary das Testament anfechten könnte. So aber, wie es aufgesetzt war – ich habe nicht alle Einzelheiten erwähnt –, konnte es während zwanzig Jahren nicht angefochten werden. Es ist auch kein Einspruch dagegen erhoben worden. Als Danton in Amerika war, verschwand Lady Mary mit ihrer Tochter Dorothy. Niemand wußte, wohin, aber die Spur der kleinen Dorothy und ihres Kindermädchens führte nach Margate. Vielleicht war Lady Mary auch dort. Fest steht jedenfalls, daß das Kindermädchen, die Tochter eines dortigen Fischers, die sehr gut rudern konnte, an einem schönen Sommertag das Kind in einem Boot mit aufs Meer nahm. Allem Anschein nach gerieten sie in Nebel und wurden von einem Passagierdampfer überrannt. Die Überreste des zertrümmerten Bootes konnten aufgefischt werden. Eine Woche später wurde die Leiche des Kindermädchens ans Ufer gespült. Was aus Lady

Mary geworden ist, hat man nie erfahren. Danton kam zwei Tage nach dem Unglücksfall zurück, und seine Schwester, Mrs. Groat, überbrachte ihm die Nachricht. Es muß ihm den Rest gegeben haben. Er starb bald darauf. – Sie sehen also, mein Junge, selbst wenn Sie durch ein Wunder Lady Mary fänden, so würde dies die Situation für Mrs. Groat oder ihren Sohn nicht im geringsten verändern. Nur Dantons Tochter könnte die Erbschaft antreten – sie aber ...« Salter brach ab und hob bedauernd die Hände.

»Ich verstehe jetzt die Zusammenhänge«, erwiderte Steele, »nur ...«

»Was haben Sie noch?«

»Ich habe stark den Eindruck, daß an der ganzen Sache etwas nicht stimmt, und ich bin überzeugt davon, daß man das Geheimnis lösen könnte. Ich würde zu gerne meine Zeit dieser Aufgabe widmen!«

Mr. Salter sah seinen Sekretär streng an.

»Sie sollten eigentlich Detektiv werden«, meinte er dann ironisch.

»Ich wünschte, ich wäre einer! Vor zwei Jahren habe ich Scotland Yard meine Dienste angeboten, als die ›Bande der Dreizehn‹ die Banken beraubte, ohne daß einer der Burschen gefaßt werden konnte.«

»Sieh einer an!« rief Salter spöttisch. Er wandte sich zum Gehen, drehte sich aber nochmals um. »Warum habe ich Ihnen eigentlich geklingelt? Ach ja, ich brauche alle Pachtverträge, die sich auf den Grundbesitz des alten Danton in Cumberland beziehen.«

»Will Mrs. Groat die Ländereien verkaufen?«

»Im Augenblick kann sie sie noch nicht verkaufen, aber am dreißigsten Mai erhält sie die Verfügung über das Millionenvermögen Jonathan Dantons, vorausgesetzt, daß kein Einspruch dagegen erhoben wird.«

Jim folgte seinem Chef in dessen Büro. An den Wänden standen vollgestopfte Regale. Das Mobiliar und der Teppich waren abgenutzt. Es roch nach staubigen Akten.

»Detektiv also möchten Sie werden?« fragte Mr. Salter, als er sich hinter seinen Schreibtisch setzte. Er reichte Jim ein Notizblatt und sagte boshaft: »Da, versuchen Sie einmal, mit dem Spürsinn eines Detektivs diese Aktenstücke aufzufinden! Sie liegen unten in der Stahlkammer.«

Jim nahm den Zettel, las ihn und wollte eben eine Frage stellen, als ein Schreiber hereinkam und meldete:

»Mr. Digby Groat – wollen Sie ihn empfangen, Sir?«

## 2

»Ja«, sagte Mr. Salter kurz und wandte sich belustigt an Jim, der schnell das Büro verlassen wollte. »Sie können ruhig hierbleiben, Steele! Mr. Groat hat mir geschrieben, daß er die Akten durchsehen will, und wahrscheinlich müssen Sie ihn zur Stahlkammer führen.«

Jim erwiderte nichts.

Die Tür öffnete sich, und der Schreiber ließ einen elegant gekleideten jungen Herrn eintreten.

Jim kannte ihn von früher, aber je öfter er ihn sah, desto weniger konnte er ihn leiden. Er hätte mit geschlossenen Augen das schmale, unfreundliche Gesicht, den kurzen, schwarzen Schnurrbart, die müden Augen und blasierten Züge, das große vorspringende Kinn und die etwas abstehenden Ohren zeichnen können – vorausgesetzt, daß er hätte zeichnen können. Und doch machte Digby Groat in mancher Beziehung einen guten Eindruck, das konnte selbst Jim nicht bestreiten. Er mußte einen erstklassigen Kammerdiener haben, denn von der tadellosen Frisur bis zu den blanken Schuhen war nichts an seiner Erscheinung auszusetzen. Sein Anzug, nach dem modernsten Schnitt gearbeitet, stand ihm außerordentlich gut. Als er ins Zimmer trat, verbreitete sich ein leichter Duft von ›Quelques Fleurs‹. Jim verzog die Nase. Er haßte Männer, die sich parfümierten, so dezent sie es auch tun mochten.

»Guten Morgen, Salter!« Digby Groat schaute von einem zum andern, mit dem nachlässigen und doch so unverschämten Ausdruck in seinen dunklen Augen, den weder der Rechtsanwalt noch sein Sekretär vertrugen.

Er zog ein seidenes Taschentuch hervor, wischte damit über einen Stuhl und nahm Platz, ohne dazu aufgefordert worden zu sein. Seine zitronengelb behandschuhten Hände legte er wirkungsvoll auf den goldenen Knauf eines Ebenholzspazierstocks.

»Sie kennen doch Mr. Steele, meinen Sekretär?« begann Salter. »Nun, Dr. Groat ...«

Aber der elegante junge Mann unterbrach ihn mit einer Handbewegung.

»Nennen Sie mich bitte nicht Doktor«, sagte er mit einem leidenden Ausdruck. »Vergessen Sie, daß ich ein medizinisches Studium absolviert und mein Examen als Chirurg bestanden habe. Ich tat es nur zu meiner eigenen Befriedigung. Es wäre mir sehr unangenehm, eine Praxis ausüben zu müssen. Ich würde es nicht aushalten, zu jeder Tages- und Nachtzeit von Patienten gestört zu werden.«

Für Jim war es neu, daß dieser Stutzer Mediziner sein sollte.

»Ich bin hierhergekommen, um die Pachtverträge der Besitzungen in Cumberland einzusehen, Salter«, fuhr Groat fort. »Es ist mir ein Angebot gemacht worden – ich sollte eigentlich sagen, es ist meiner Mutter gemacht worden, und zwar von einem Syndikat, das ein großes Hotel dort errichten will. Möglicherweise gibt es Klauseln in den Verträgen, die solche Bauten verhindern sollen. Wenn dies der Fall ist, dann war es gedankenlos und niederträchtig vom alten Danton, solche Ländereien überhaupt zu erwerben.«

»Mr. Danton tat nichts Gedankenloses und nichts Niederträchtiges«, antwortete Salter ruhig. »Wenn Sie diese Frage in Ihrem Brief erwähnt hätten, würde ich Ihnen telefonisch darüber Auskunft gegeben haben, und Sie hätten sich nicht hierher bemühen müssen. Aber da Sie nun einmal hier sind, wird Sie Steele in die Stahlkammer führen. Dort können Sie die Verträge einsehen.«

Groat sah mißtrauisch zu Jim hinüber.

»Versteht er denn etwas von Pachtverträgen? Und muß ich tatsächlich in Ihren schrecklichen Keller hinuntersteigen, um mich auf den Tod zu erkälten? Können die Akten nicht für mich heraufgebracht werden?«

»Wenn Sie die Freundlichkeit haben, in Steeles Zimmer zu warten, kann er sie Ihnen ja dort hinbringen«, schlug Salter vor, der Groat sowenig mochte wie sein Sekretär. Außerdem hatte er die Groats in Verdacht, daß sie sich, sobald sie in den Besitz des Dantonschen Vermögens kämen, einen anderen Rechtsanwalt nehmen würden.

Jim nahm die Schlüssel und ging hinunter. Bald kehrte er mit einem Paket Akten zu seinem Chef zurück. Mr. Groat hatte sich inzwischen in Steeles kleines Zimmer hinübergebegen.

»Erklären Sie Mr. Groat alles, was er über die Pachtbriefe wissen will, und wenn Sie mich dazu brauchen, dann rufen Sie mich!«

Jim fand Digby Groat an seinem Tisch sitzen. Er blätterte in einem Buch, das er sich genommen hatte.

»Was bedeutet Daktyloskopie?« Er sah fragend zu Jim auf. »Das Buch handelt davon.«

»Das ist die Lehre von den Fingerabdrücken«, antwortete Jim kurz. Er haßte diese anmaßende Art und ärgerte sich, daß dieser Mensch einfach seine Privatbücher herausnahm.

»Interessieren Sie sich denn für dergleichen?« fragte Groat und stellte den Band wieder an seinen Platz zurück.

»Ein wenig. Hier sind die gewünschten Pachtverträge. Ich habe sie soeben flüchtig durchgesehen und konnte keine Klausel finden, die die Errichtung eines Hotels ausschließen würde.«

Groat nahm die Dokumente und sah sie Seite für Seite durch.

»Nein«, sagte er schließlich, »es steht nichts davon da – Sie haben recht.« Er legte die Akten auf den Tisch. »Sie interessieren sich also für Fingerabdrücke? Ich wußte nicht, daß sich der alte Salter auch mit Strafprozessen abgibt. – Was ist denn das?« Er zeigte auf ein Bücherbrett neben dem Schreibtisch, das mit schwarzen Heften gefüllt war.

»Das sind meine Privatnotizen.«

Digby Groat lächelte maliziös.

»Worüber machen Sie sich denn Notizen?«

Bevor Jim ihn daran hindern konnte, hatte er eins der Hefte in der Hand.

»Wenn Sie die Güte hätten, mein Privateigentum in Ruhe zu

lassen ...« stieß Jim hervor. Er konnte sich im allgemeinen gut beherrschen, aber diese Unverschämtheit ging ihm zu weit.

»Tut mir leid – ich dachte, alles in Salters Kanzlei hätte mit seinen Klienten zu tun.«

»Sie sind aber nicht der einzige Klient!«

»Was wollen Sie mit dem allen?« fragte Groat, als er die Seiten umblätterte.

Jim stand ihm am Schreibtisch gegenüber und ließ ihn nicht aus den Augen. Auf einmal bemerkte er, daß sich das gelbe Gesicht ein wenig verfärbte und der Blick hart wurde.

»Was bedeutet das?« fragte Groat scharf. »Was, zum Teufel, haben Sie da...« Er brach ab, nahm sich zusammen und lachte. Aber es klang gekünstelt. »Sie sind ein prächtiger Kerl, Steele!« Er nahm seinen alten, nachlässigen Ton wieder auf. »Doch Sie sind töricht, sich über diese Dinge den Kopf zu zerbrechen.«

Er steckte das Heft ins Regal zurück, nahm den zuoberst liegenden Pachtvertrag vom Tisch und begann ihn zu lesen.

»Es ist alles in Ordnung«, erklärte er endlich, legte das Dokument weg und griff nach seinem Hut. »Vielleicht besuchen Sie mich einmal und essen mit mir zu Abend, Steele! Ich habe ein interessantes Laboratorium, das ich an die Rückseite meines Hauses am Grosvenor Square angebaut habe. Der alte Salter nannte mich eben Doktor!« Er lachte, als ob es ein guter Scherz sei. »Nun – auf alle Fälle, wenn Sie zu mir kommen, kann ich Ihnen einiges zeigen, was zum mindesten meinen Titel rechtfertigt.« Dann, schon in der Tür, richtete er seine dunklen Augen nochmals auf Jim. »Nebenbei bemerkt, Mr. Steele – Ihre Privatstudien führen Sie auf ein gefährliches Gebiet, und kein zweites Viktoriakreuz wird Sie für die Unannehmlichkeiten entschädigen können.«

Behutsam schloß er die Tür hinter sich. Jim sah ihm stirnrunzelnd nach.

Was meint er nur damit? überlegte er. Das Notizheft fiel ihm ein, das Mr. Groat in der Hand gehabt und wieder ins Regal geschoben hatte. Das Heft stand ein wenig vor, und Jim hatte sich die Stelle gemerkt. Er zog das Heft heraus, schlug die erste Seite auf und las: ›Einige Bemerkungen über die Bande der Dreizehn.‹

3

Am Nachmittag dieses Tages steckte Jim den Kopf in Mr. Salters Büro.

»Ich gehe jetzt zum Tee!«

Salter schaute auf die altmodische Uhr an der gegenüberliegenden Wand.

»Es ist gut. Sie gehen in letzter Zeit immer sehr pünktlich zum Tee, Steele! – Warum werden Sie denn rot? Handelt es sich um ein Mädchen?«

»Nein«, rief Jim etwas zu laut und schnell. »Ich treffe zwar ab und zu eine Dame beim Tee, aber ...«

»Machen Sie, daß Sie wegkommen – grüßen Sie sie von mir!«

Jim mußte lachen, er eilte die Treppe hinunter und trat auf die Marlborough Street hinaus. Er beeilte sich, es war schon spät. Erleichtert atmete er auf, als er das ruhige Lokal betrat und den Tisch, an dem er gewöhnlich saß, noch unbesetzt fand. Die Kellnerin kam freudig auf ihn zu, um seine Bestellung aufzunehmen.

»Ihre junge Dame ist noch nicht gekommen, Sir!« sagte sie beflissen.

Es war das erste Mal, daß sie Eunice Weldon, Jims Teebekanntschaft, erwähnte, und es war ihm höchst peinlich.

»Die junge Dame, die manchmal mit mir Tee trinkt, ist nicht meine junge Dame.«

»Ich bitte um Verzeihung.« Verlegen kritzelte die Kellnerin auf ihrem Notizblock. »Bestellen Sie wie gewöhnlich?«

»Ja, bitte, bringen Sie alles wie sonst.«

In diesem Augenblick erschien eine junge Dame in der Tür. Jim erhob sich, um sie zu begrüßen. Sie war schlank, eine elegante, außerordentlich schöne Erscheinung, nach der sich auf der Straße die Männer umsahen. Sie hatte ein weißes, sanftes Gesicht, ihre glänzenden blauen Augen blitzten fröhlich. Mit ausgestreckter Hand kam sie Jim entgegen.

»Ich bin etwas spät dran«, entschuldigte sie sich. »Wir hatten eine langweilige Herzogin im Atelier, die ich in siebzehn verschiedenen Posen aufnehmen mußte – sie sah nicht gerade schön aus, aber mit häßlichen Menschen hat man die größte Mühe.«

Eunice Weldon arbeitete in einem bekannten Fotoatelier in der Regent Street. Jim hatte sie hier in diesem Lokal, in dem sie jetzt saßen, vor einiger Zeit beim Tee kennengelernt, und zwar bei einer besonderen Gelegenheit. Die Gardinen des Fensters, bei dem sie saß, hatten Feuer gefangen. Jim löschte die Flammen und verbrannte sich dabei die Hand. Und Miss Weldon hatte ihn verbunden.

Wenn ein Herr einer Dame einen Dienst erweist, dann führt das nicht unbedingt zu einer näheren Bekanntschaft. Wenn aber umgekehrt eine junge Dame einem Mann hilft, so hat dies unweigerlich Folgen.

Seit diesem Tag trafen sich die beiden täglich hier beim Tee. Einmal wollte sie Jim ins Theater einladen, aber sie lehnte ab.

»Haben Sie weiter nach der verschwundenen Dame geforscht?« fragte Miss Weldon, während sie Marmelade nahm.

Jim verzog das Gesicht.

»Mr. Salter hat mir heute klargemacht, daß es wenig an den Verhältnissen änderte, wenn sie gefunden würde.«

»Es wäre aber doch wundervoll, wenn das Kind gerettet worden wäre. Haben Sie je an diese Möglichkeit gedacht?«

»Leider dürfen wir uns keine Hoffnung in dieser Richtung machen, so schön es auch wäre.« Er lachte. »Es sei denn – Sie wären die vermißte Erbin!«

»Ich? Da brauchen Sie sich erst recht keine Hoffnungen zu machen – ich bin das Kind armer, aber ehrlicher Eltern, wie es so schön heißt!«

»Ihr Vater lebte immer in Südafrika?«

»Ja. Er war Musiker. An meine Mutter kann ich mich fast nicht mehr erinnern.«

»Wo wurden Sie denn geboren?«

»In Kapstadt-Rondebosch, um genau zu sein. – Aber sagen Sie, warum geben Sie sich eigentlich eine solche Mühe mit dieser Geschichte?«

»Weil ich nicht will, daß dieser schreckliche, ungebildete Mensch das Erbe der Danton-Millionen antreten soll.«

»Wer ist dieser schreckliche Mensch? Sie haben bis jetzt seinen Namen nicht erwähnt.«

Das stimmte. Jim hatte ihr überhaupt erst vor ein paar Tagen von diesen Dingen, die ihn so stark beschäftigten, erzählt.

»Der junge Mann heißt Digby Groat.«

Sie schaute verwirrt auf.

»Was haben Sie?« fragte er erschrocken.

»Als Sie vorhin den Namen Danton erwähnten, erinnerte ich mich, daß einer unserer Fotografen neulich sagte, Mrs. Groat sei die Schwester Jonathan Dantons.«

»Kennen Sie die Familie Groat?«

»Ich kenne sie nicht – wenigstens nicht gut.« Sie zögerte. »Aber ich werde eine Stellung bei Mrs. Groat als Sekretärin annehmen.«

Er sah sie groß an.

»Und davon haben Sie mir gar nichts gesagt?« Als sie schwieg und auf ihren Teller blickte, fügte er schnell hinzu: »Natürlich, es liegt ja kein Grund vor, warum Sie es mir sagen sollten.«

»Ich weiß es selbst erst seit heute. Mr. Groat ließ sich fotografieren, und seine Mutter begleitete ihn. Sie waren schon einige Male dagewesen, doch hatte ich sie kaum beachtet. Heute rief mich der Chef zu sich und teilte mir mit, daß Mrs. Groat eine Sekretärin suche und daß es eine sehr gute Stelle für mich wäre. Sie will fünf Pfund in der Woche zahlen, und da ich im Hause wohne, kann ich den Betrag vollständig sparen.«

»Wann hat sich Mrs. Groat entschlossen, eine Sekretärin anzustellen?«

»Ich weiß es nicht. Warum fragen Sie?«

»Weil Mr. Salter, als Mrs. Groat vor einem Monat in unserer Kanzlei war, ihr vorschlug, sich eine Sekretärin zu engagieren, damit ihre Korrespondenz in Ordnung käme. Sie erklärte aber damals, daß sie dies unter keinen Umständen tun werde, weil sie keine Fremde um sich haben wolle.«

»Offenbar hat sie ihre Ansicht geändert.«

»Und das bedeutet also, daß wir uns nicht mehr beim Tee treffen werden? Wann treten Sie Ihre neue Stelle an?«

»Schon morgen früh.«

Jim ging in trüber Stimmung in sein Büro zurück. Sein Leben kam ihm leer und traurig vor. Du hast dich verliebt, alter Knabe! gestand er sich selbst ein.

Zu seinen täglichen Aufgaben gehörte, das große Tagebuch zu führen. Er steckte seine Pfeife an. Erbittert blätterte er die Seiten um. Mr. Salter war schon nach Hause gegangen. Auf seinem Schreibtisch hatte er kurze Bleistiftnotizen hinterlassen, nach denen Jim die Vorgänge des Tages ins Buch eintrug. Als er damit fertig war, ging er noch einmal ins Zimmer seines Chefs, um zu sehen, ob er nichts vergessen hätte.

Mr. Salter hielt seinen Schreibtisch gewöhnlich in bester Ordnung, doch hatte er eine merkwürdige Gewohnheit, wichtige Akten und Notizen wegzulegen, man hätte sagen können, sie zu verstecken. Jim hob alle Gesetzbücher auf, die auf dem Tisch lagen oder standen, um sicher zu sein, ob sich nicht doch noch eine Notiz darunter finden ließe. Dabei fiel ein dünnes Notizbuch mit Goldschnitt, das zwischen zwei Büchern eingeklemmt gewesen war, auf die Tischplatte. Er konnte sich nicht erinnern, es früher je gesehen zu haben. Als er es öffnete, stellte er fest, daß es ein Tagebuch für das Jahr 1929 war. Mr. Salter pflegte für seinen Privatgebrauch Notizen zu machen und tat dies in einer sonderbaren, nur ihm verständlichen Kurzschrift. Keinem seiner Schreiber und Sekretäre war es bisher gelungen, sie zu entziffern. Auch dieses Tagebuch war in dieser Geheimschrift abgefaßt.

Jim wußte, daß Mr. Salter in dem großen, grünen Geldschrank ganze Stapel solcher Notizbücher aufbewahrte. Vielleicht hatte er dieses Heft herausgenommen, um sein Gedächtnis aufzufrischen. Trotzdem wunderte sich Jim, daß sein Chef es nicht wieder weggeschlossen hatte.

Er blätterte neugierig darin, aber es waren Hieroglyphen für ihn, nur ab und zu fand er dazwischen ein Wort in offener Schrift. Plötzlich jedoch stutzte er. Unter dem vierten Juni stand eine lange Eintragung, die nachträglich gemacht worden sein mußte. Jim schloß dies daraus, weil sie mit grüner Tinte geschrieben war. Vor etwa achtzehn Monaten nämlich hatte ein Augenarzt Mr. Salter darauf aufmerksam gemacht, daß es ihm leichter fallen würde, grüne Schrift zu lesen. Seit diesem Zeitpunkt verwendete der Anwalt stets grüne Tinte.

Jim las interessiert den ganzen Absatz, bis ihm klar wurde, daß er eigentlich gar nicht dazu berechtigt war.

›Ein Monat Haft im Holloway-Gefängnis. Entlassen am 2. Juli. Madge Benson (dieser Name war unterstrichen), 14 Palmers Terrace, Paddington. 74 Highcliffe Gardens, Margate. Hatte lange Besprechungen mit dem Bootsmann, dem die ‚Saucy Belle' gehörte. Keine Spur von . . .‹

Hier endete der Abschnitt in offener Schrift.

Dieser neue Hinweis war so interessant, daß Jim alle Bedenken überwand und beschloß, sich die Stelle zu notieren. Offenbar bezog sich die Bemerkung auf die verschwundene Lady Mary. Wer diese Madge Benson war, und was die Erwähnung des Gefängnisses in Holloway bedeutete, wollte er unbedingt herausbringen.

Als er die Stelle abgeschrieben hatte, ging er in sein Zimmer zurück, schloß seinen Schreibtisch ab, ging nach Hause und überlegte, welche weiteren Nachforschungen er anstellen könnte.

Er besaß eine kleine Wohnung in einem Häuserblock, von dem aus man den Regent's Park überschauen konnte. Von seinen eigenen Zimmern aus sah er allerdings nur die unangenehmen Rückseiten anderer Mietshäuser, und unten fuhr die Eisenbahn vorbei. Er hätte von seinem Fenster aus Münzen auf die vorbeifahrenden Wagen werfen können, so dicht lagen die Geleise beim Haus. Dafür war aber auch die Miete nur halb so hoch wie für eine gleichwertige Wohnung in besserer Lage. Mit seinem Gehalt und einem kleinen Nebeneinkommen von zwei bis drei Pfund wöchentlich konnte er verhältnismäßig gut leben. Seine drei Zimmer waren mit wertvollen alten Möbeln ausgestattet, die er aus dem Zusammenbruch des väterlichen Vermögens hatte retten können.

Jim stieg im vierten Stock aus dem Lift, er wollte gerade seine Wohnung aufschließen, als er hörte, daß die gegenüberliegende Tür sich öffnete. Er drehte sich um. Die Krankenschwester, die herauskam, eine ältere Frau, nickte ihm freundlich zu.

»Wie geht es Ihrer Patientin?« fragte Jim.

»Es geht ihr gut, das heißt, so gut es einer so kranken Dame eben gehen kann. Sie ist Ihnen sehr dankbar für die Bücher, die Sie mir für sie gaben. Mrs. Fane liegt nun schon sieben Jahre krank, da tut jede Ablenkung gut.«

Sie hörten Schritte die Treppe hinabkommen. Beide schauten hinauf.

»Der Postbote kommt«, sagte die Schwester. »Ich dachte, er wäre schon dagewesen. Vielleicht bringt er uns etwas.«

Der Briefträger fuhr immer im Lift bis zum sechsten Stock und teilte im Hinuntergehen die Post aus.

»Ich habe nichts für Sie, Sir«, wandte er sich an Jim. Er sah die Briefe in seiner Hand durch. »Aber hier – Miss Madge Benson, das sind Sie doch, Schwester, nicht wahr?«

»Jawohl«, antwortete die Krankenschwester schnell. Sie nahm den Brief, verabschiedete sich mit einem Kopfnicken von Jim und ging die Treppe hinunter.

Madge Benson! Der Name, den Jim Steele vorhin in Salters Tagebuch gelesen hatte!

4

Digby Groat goß sich ein Glas Portwein ein.

»Du langweilst mich zu Tode, Mutter, wenn du mir immer wieder die gleichen Geschichten erzählst. Es sollte genügen, wenn ich dir sage, daß ich die junge Dame als Sekretärin hier haben will. Es ist deine Sache, dafür zu sorgen, daß sie Arbeit bekommt. Eines mußt du dir merken: Sie darf nie den Eindruck bekommen, aus einem andern Grund engagiert worden zu sein, als um deine Briefe zu schreiben und deine Korrespondenz zu ordnen.«

Die Frau, die ihm auf dem Sofa gegenübersaß, sah älter aus, als sie in Wirklichkeit war. Jane Groat war über sechzig, doch viele hielten sie für zwanzig Jahre älter. Sie ging gebeugt, Runzeln und Falten durchzogen ihr gelbliches Gesicht, auf ihren blassen Händen traten blaue Adern hervor. Nur ihre dunkelbraunen Augen machten noch einen lebendigen Eindruck; sie bewegten sich unaufhörlich, und abwechselnd lag in ihrem Blick Neugier und Furcht. Ihr Benehmen dem Sohn gegenüber hatte fast etwas Kriecherisches. Sie sah ihm nicht in die Augen, überhaupt sah sie selten jemand an.

»Sie wird hier herumspionieren, sie wird stehlen!« jammerte sie weinerlich.

»Nun aber Schluß mit dem Mädchen!« fuhr er sie böse an. »Und da wir gerade allein sind, muß ich dir noch etwas anderes sagen.«

Eine Drohung lag in seinen Worten. Ihre unsteten Blicke irrten nach rechts und links, aber sie vermied es ängstlich, seinen Augen zu begegnen.

»Sieh einmal hierher!«

Er hatte einen Gegenstand aus der Tasche gezogen, der im Licht der Tischlampe blitzte und glänzte.

»Was ist es denn?« fragte sie kläglich, ohne aufzuschauen.

»Ein Diamantenarmband!« rief er wütend. »Es gehört Lady Waltham. Wir waren am Wochenende auf ihrem Gut. Sieh her!«

Sie senkte den Kopf und begann zu weinen.

»Ich habe es in deinem Zimmer gefunden, du alte Diebin!« zischte er sie an. »Kannst du dir diese entsetzliche Sache nicht abgewöhnen?«

»Es sah so schön aus«, schluchzte sie, die Tränen rannen ihr über die hageren Wangen. »Ich kann der Versuchung nicht widerstehen, wenn ich schöne Dinge sehe.«

»Du weißt doch, daß das Dienstmädchen von Lady Waltham verhaftet wurde, weil sie verdächtigt wird, das Armband gestohlen zu haben. Wenn nichts geschieht, wird sie zu sechs Monaten Gefängnis verurteilt.«

»Ich konnte der Versuchung einfach nicht widerstehen«, wiederholte sie mit tränenerstickter Stimme.

Er warf das Armband mit einem Fluch auf den Tisch.

»Jetzt kann ich es der Dame wieder zurückschicken und muß ihr in einem Brief vorlügen, daß es aus Versehen in deinen Koffer gekommen ist! Ich tue es nicht, um dem Dienstmädchen zu helfen, sondern meines guten Rufes wegen.«

»Jetzt weiß ich, warum du das Mädchen ins Haus nehmen willst – sie soll mich ausspionieren!«

Er verzog verächtlich die Lippen und erhob sich.

»Da hätte sie eine schwierige Aufgabe!« meinte er ironisch und lachte heiser. Hart und drohend fuhr er fort: »Diese läppische Stehlerei muß aufhören. Ich will bei den nächsten Wahlen ins Parlament kommen und kann meine gesellschaftliche Stellung nicht durch eine alte, verrückte Diebin erschüttern lassen. Wenn in deinem Kopf etwas nicht stimmt – du weißt, ich habe ein Laboratorium, da können wir den Schaden reparieren.«

Sie zuckte erschrocken zusammen. Furcht und Entsetzen verzerrten ihr Gesicht.

»Du! Du wirst es doch nicht tun – mein eigener Sohn!« stammelte sie. »Ich bin vollkommen gesund, es ist nur ...«

»Vielleicht kommt es doch daher, daß du irgendeinen Druck im Gehirn hast«, erwiderte er kalt. »Dergleichen muß durch Operation entfernt werden ...«

Sie hatte ihren Stuhl zurückgeschoben und das Zimmer fluchtartig verlassen, noch während er sprach. Er nahm das Armband und steckte es wieder in die Tasche. Ihre krankhafte Neigung kannte er nun schon lange. Er hatte alles versucht, sie davon abzubringen, und auch geglaubt, daß es ihm gelungen wäre. Um so mehr erbitterte ihn dieser Rückfall. Er ging in die Bibliothek, in der kostbare Bücherschränke aus Rosenholz standen, und die auch sonst mit größtem Luxus ausgestattet war. Er setzte sich an ein Tischchen und schrieb den Brief an Lady Waltham. Brief und Armband packte er in ein Kästchen und klingelte. Ein Mann in mittleren Jahren mit dunklem, abstoßendem Gesicht kam herein.

»Jackson, bringen Sie das sofort zu Lady Waltham! Und dann – meine Mutter geht heute abend in ein Konzert. Wenn sie fort ist, durchsuchen Sie ihre Zimmer genau!«

»Dies habe ich schon getan, Mr. Groat, aber ich konnte nichts finden.«

Er wollte gehen. Digby rief ihn zurück.

»Haben Sie der Haushälterin gesagt, daß sie sich um das Zimmer für Miss Weldon kümmert?«

»Jawohl, Sir. Sie wollte ihr erst ein Zimmer im obersten Stock geben, wo das Personal schläft, was ich natürlich abgelehnt habe.«

»Sie soll das beste Zimmer im ganzen Haus bekommen. Sorgen Sie dafür, daß der ganze Raum mit Blumen geschmückt ist. Stellen Sie auch noch den Bücherschrank und den chinesischen Tisch in ihr Zimmer, die jetzt bei mir stehen.«

»Und wie soll das mit dem Schlüssel werden, Sir?« fragte der Mann zögernd.

»Meinen Sie den Schlüssel zu ihrem Zimmer?« Mr. Groat schaute auf.

»Wünschen Sie, daß man die Tür von innen abschließen kann?«

»Sind Sie verrückt!« fuhr Digby böse auf. »Natürlich will ich, daß man die Tür von innen verschließen kann. Bringen Sie auch einen Riegel an, wenn keiner vorhanden sein sollte.«

Jackson hob erstaunt den Blick. Zwischen den beiden bestand ein engeres Verhältnis als gewöhnlich zwischen Herr und Diener.

»Ist Ihnen je schon ein Mann namens Steele begegnet?« erkundigte sich Digby plötzlich.

Jackson schüttelte den Kopf.

»Wer ist das?«

»Der Sekretär des alten Salter, des Rechtsanwalts. Tun Sie sich nach ihm um, beobachten Sie ihn gelegentlich, wenn Sie Zeit haben – oder nein, lassen Sie die Sache lieber Bronson machen, er wohnt ja in Featherdale Mansions.«

5

Eunice Weldon hatte ihre wenigen Habseligkeiten gepackt, der Wagen wartete vor der Tür. Es tat ihr nicht leid, das dumpfe, unordentliche Zimmer aufzugeben, in dem sie die letzten zwei Jahre gehaust hatte. Der Abschied von der etwas nachlässigen Wirtin fiel ihr nicht schwer, und sie konnte Jim Steeles Ansicht nicht teilen, der ihre neue Stellung so unmöglich fand. Aber sie war noch jung, und eine neue Arbeit bedeutete ein unbekanntes Abenteuer.

Sie seufzte, als sie daran dachte, daß die kleinen Gespräche beim Tee, die eine so angenehme Abwechslung in ihrem Alltag gewesen waren, nun aufhören mußten. Doch sie war überzeugt davon, daß Jim Anstrengungen machen würde, um sie wiederzusehen.

Sie würde sicher viel Zeit für sich haben. Da kam ihr in den Sinn, daß sie nicht einmal seine Adresse wußte. Aber er kannte ja ihren Arbeitsplatz. Das beruhigte sie, denn vorher hätte sie nie geglaubt, daß sie ihn so sehr vermissen würde. Der Gedanke ließ sie nicht los – sie mußte ihn unbedingt wiedersehen.

Das Auto hielt vor dem imposanten Portal ihres neuen Domizils am Grosvenor Square. Sie war bestürzt, als sie die vielen Diener sah, die herauskamen, um ihr behilflich zu sein. Aber es tat ihr dennoch wohl.

»Mrs. Groat möchte Sie sehen, Miss«, sagte ein finsterer Mann.

Sie wurde in einen kleinen Raum auf der Rückseite des Hauses geführt, der ihr recht dürftig möbliert erschien. Mrs. Groat allerdings hielt ihn bereits für luxuriös ausgestattet. Die alte Frau lehnte jeden Aufwand an Möbeln und Ausstattung ab und regte sich über die kleinste Ausgabe auf. Nur die Furcht vor ihrem Sohn hielt sie in diesen Dingen in Schach.

Eunice war enttäuscht über die Unterhaltung. Vorher hatte sie Mrs. Groat nur im Fotoatelier und in vornehmer Kleidung gesehen. Nun saß eine alte, dürftig gekleidete Frau mit wachsgelbem Gesicht vor ihr und musterte sie feindselig.

»Sie also sind die junge Dame, die meine Sekretärin werden soll?« fragte sie vorwurfsvoll. »Haben Sie Ihr Zimmer schon gesehen?«

»Noch nicht, Mrs. Groat.«

»Ich hoffe, daß es Ihnen hier gefallen wird.« Es klang eher so, als wäre das Gegenteil davon erwünscht gewesen.

»Wann kann ich mit meiner Arbeit beginnen?« fragte Eunice, die sich in dieser Umgebung durchaus nicht wohl fühlte.

»Sie können jederzeit beginnen.« Die alte Dame schaute sie argwöhnisch von der Seite an. »Sie sind sehr schön...« Eunice errötete, das Kompliment klang fast wie eine Beleidigung. »Dies wird auch der Grund sein«, schloß Mrs. Groat abwesend.

»Wofür denn?« fragte Eunice liebenswürdig. Sie hatte den Eindruck, eine Geistesschwache vor sich zu haben. Alle Lust an der neuen Stellung war schon verflogen.

»Das gehört nicht hierher«, antwortete Mrs. Groat und entließ sie mit einem Kopfnicken.

Das Zimmer, in das sie jetzt geführt wurde, erschien ihr über alle Maßen schön, und sie war sprachlos über diesen Luxus.

»Sind Sie auch sicher, daß ich hier wohnen soll?« fragte sie ungläubig.

»Jawohl, Miss«, versicherte die Haushälterin und sah das Mädchen sonderbar an.

»Aber das ist doch viel zu prächtig für mich!«

Der Raum wäre selbst in einem Schloß aufgefallen – kostbare Möbel, die Wände mit Brokatseide bezogen, ein französisches Bett mit Schnitzereien und Vergoldung, darüber ein großer Baldachin aus prächtiger Seide, ein Toilettentisch Louis XV. mit eingelegter Goldplatte. Der dazugehörige Kleiderschrank mußte allein ein Vermögen gekostet haben. In der Nähe des Fensters stand ein hübscher Schreibtisch, und einen prachtvollen Bücherschrank mit Ganzlederbänden konnte man vom Bett aus erreichen. Den geräumigen Balkon schmückten farbenprächtige Blumen. Eunice stand auf einem dicken, dunkelblauen Teppich, der den ganzen Raum ausfüllte. Staunend sah sie auf die ganze Pracht.

»Es muß ein Mißverständnis sein, es ist völlig unmöglich, daß ich hier wohnen soll«, wiederholte sie.

»Doch, Miss. Sehen Sie, hier ist Ihr Badezimmer. Wir haben zu jedem Schlafzimmer ein eigenes Bad. Mr. Groat hat das ganze Haus umgebaut, als er es kaufte.«

Eunice öffnete die Balkontür und trat hinaus. Der Balkon zog sich bis zu einer viereckigen Veranda hin, die sich über der Eingangshalle des Hauses befand.

Eunice sah Mrs. Groat an diesem Tage nicht mehr. Als sie nach ihr fragte, erfuhr sie, die alte Dame habe sich mit Kopfschmerzen zurückgezogen. Auch Digby Groat begegnete sie nicht, sie aß ihre erste Mahlzeit ganz allein.

»Mr. Groat ist noch nicht vom Lande zurückgekehrt«, teilte

ihr Jackson mit, der sie bei Tisch bediente. »Ist alles nach Ihrem Wunsch, Miss?«

»Ja, ich danke.«

Sie fand diesen Mann wenig sympathisch. Nicht, daß er es an Respekt hätte fehlen lassen oder plump vertraulich gewesen wäre – trotzdem lag etwas Anmaßendes in seinem Benehmen. Sie war froh, als sie ihre Mahlzeit beendet hatte. Enttäuscht ging sie in ihr Zimmer. Sie hätte gerne Mrs. Groat noch einiges gefragt, vor allem, wann sie ausgehen konnte.

Sie schaltete das Licht aus, öffnete die große Balkontür und trat in den kühlen Abend hinaus. Das letzte Abendrot färbte die Wolkenränder. Der Platz vor dem Haus war schon erleuchtet, ein endloser Strom von Autos fuhr vorbei, denn Grosvenor Square war die Hauptverbindung zwischen Oxford Street und Piccadilly.

Allmählich brach die Nacht an, Sterne tauchten am Himmel auf, in den die Dächer und Türme der Stadt in magischer Beleuchtung ragten. Eunice war bezaubert von der Schönheit der Nacht, und sie dachte daran, daß in dieser großen, nächtlichen Stadt ein Mann lebte, der jetzt vielleicht an sie dachte. Deutlich sah sie ihn vor sich.

Mit einem Seufzer schloß sie die Balkontür und zog die schweren Vorhänge zu. Fünf Minuten später lag sie in tiefem Schlaf.

Wie lange sie geschlafen hatte, wußte sie nicht, aber es mußten Stunden gewesen sein. Der lebhafte Verkehr auf der Straße und die Geräusche der Großstadt waren verstummt, nur ab und zu hörte sie eine Hupe. Obwohl es völlig dunkel war, hatte sie das sichere Gefühl, daß sich jemand im Zimmer befand.

Sie setzte sich aufrecht. Jemand war im Zimmer! Sie schauderte. Vorsichtig tastete sie nach der Stehlampe und hätte beinahe einen Schreckensschrei ausgestoßen – auf dem Nachttisch lag eine kalte, kleine Hand, die bei der Berührung rasch zurückgezogen wurde. Eunice war gelähmt vor Entsetzen. Dann hörte sie das Rauschen des Vorhangs und sah eine Sekunde lang den Schatten einer Gestalt am Fenster. Sie zitterte am ganzen Körper, doch riß sie sich zusammen, sprang aus dem Bett und drehte das Licht an. Das Zimmer war leer, die Balkontür angelehnt.

Auf dem kleinen Tischchen beim Bett fand sie eine graue Karte. Zitternd nahm sie sie in die Hand und las: ›Jemand, der Sie liebt, bittet Sie um Ihrer Sicherheit und Ihres Rufes willen dringend, dieses Haus so bald als möglich zu verlassen.‹

Statt der Unterschrift – eine kleine, blaue Hand!

Sie ließ die Karte auf die Bettdecke fallen und starrte darauf. Nach einer Weile nahm sie ihren Morgenrock, schloß die Tür auf und trat in den Gang hinaus. Bei der Treppe brannte ein schwaches Licht. Das Haus lag in völliger Stille. Noch außer sich vor Angst und Schrecken, rannte Eunice die Treppe hinunter. Sie mußte jemanden finden, ein wirkliches Wesen, das kein Spuk war. In der Halle brannte die große Lampe und beleuchtete eine altmodische Uhr. Daß es eine Uhr war, kam Eunice erst zum Bewußtsein, als sie das feierliche Ticken hörte. Drei Uhr – aber vielleicht war doch noch jemand im Hause wach. Sie eilte einen Gang entlang bis zu einer Tür, die sie für den Zugang zu den Dienstbotenräumen hielt. Sie öffnete und kam in einen verlassenen Korridor, der nur schwach beleuchtet war und zu einer weißen Tür führte. Es war eine merkwürdige Tür, die keine Klinke hatte und sich nicht öffnen ließ.

Entsetzt blieb Eunice stehten, denn hinter der Tür hörte sie einen langgezogenen Schmerzensschrei, der so gräßlich die Stille zerriß, daß sie von neuer Angst gepackt floh, zurück durch die Gänge, die Halle, zur Haustür. Zitternd drehte sie den Schlüssel, das Schloß schnappte, und die Tür sprang auf. Sie lief auf die breite Treppe hinaus. Auf der obersten Stufe saß ein Mann.

Er drehte sich um, als er das Geräusch der Tür hörte. Im Licht, das aus der Halle drang, erkannte sie ihn – Jim Steele!

Jim sprang auf und starrte verblüfft auf die unerwartete Erscheinung. Einen Augenblick lang standen sie sich schweigend gegenüber.

»Jim – Mr. Steele!« – stammelte Eunice atemlos.

»Was ist geschehen?« fragte er erschrocken.

Sie zitterte und legte ihre Stirn an seine Schulter.

»Ach, es ist schrecklich, ganz schrecklich!« flüsterte sie.

»Darf ich fragen, was dies alles zu bedeuten hat?« fragte eine Stimme hinter ihnen.

Sie drehten sich um. In der offenen Haustür stand ein Mann. Im ersten Augenblick erkannten sie ihn nicht. Selbst Jim, der doch Digby Groat schon oft aus der Nähe gesehen hatte, wußte nicht, wer es sein konnte, denn er war in einen langen, weißen Kittel gehüllt, der bis zu den Knöcheln hinabreichte. Den Kopf schloß eine weiße Kappe so eng ein, daß sie die Haare vollständig bedeckte. Er trug Gummihandschuhe.

»Wollen Sie mir erklären, Miss Weldon, warum Sie mitten in der Nacht vor meiner Haustür – in so leichter Bekleidung stehen, wie sie eigentlich nicht für die Öffentlichkeit bestimmt ist? Kommen Sie herein – Grosvenor Square ist nicht an solche nächtlichen Vorführungen gewöhnt!«

Er trat zurück. Eunice klammerte sich an Jims Arm und kam mit ihm in die Halle hinein. Digby schloß die Haustür.

»Mr. Steele, Sie machen Ihren Besuch zu sehr früher Morgenstunde!«

Jim sagte nichts. Er achtete nur auf Eunice, die von Kopf bis Fuß zitterte, und führte sie zu einem Stuhl.

»Sicher sind hier nähere Erklärungen notwendig«, erwiderte er dann kühl, »aber meiner Meinung nach von Ihrer Seite, Mr. Groat!«

»Von meiner Seite?« Digby schien über diese Aufforderung aufrichtig erstaunt.

»Meine Anwesenheit hier ist schnell erklärt«, sagte Jim. »Ich befand mich gerade vor dem Haus, als die Tür aufsprang und Miss Weldon erschrocken herauseilte. Vielleicht erklären Sie mir jetzt, Mr. Groat, wie es kommt, daß diese Dame so außer sich ist?«

»Ich habe nicht die geringste Ahnung, was hier vor sich geht. In der letzten halben Stunde arbeitete ich in meinem Laboratorium. Erst als ich die Haustür gehen hörte, machte ich mir Gedanken, daß etwas nicht in Ordnung sein könnte.«

Eunice hatte sich wieder gefaßt, und allmählich kehrte die Farbe in ihr Gesicht zurück. Nur ihre Stimme zitterte noch, als sie erzählte, was ihr zugestoßen war. Die beiden hörten gespannt zu.

Jim beobachtete Digby genau und kam zur Überzeugung, daß

er sich die rätselhafte Erscheinung ebensowenig erklären konnte. Als Eunice zu Ende war, nickte Groat lächelnd.

»Das eine wenigstens kann ich Ihnen erklären – der ›fürchterliche‹ Schrei, den Sie aus meinem Laboratorium hörten, stammte von meinem kleinen Hund ... Oh, nichts Schreckliches, es geschah nur zu seinem Vorteil – er hatte sich einen Glassplitter in die Pfote getreten, und ich war gerade dabei, ihn herauszuziehen.«

Sie seufzte erleichtert auf.

»Es tut mir leid, daß ich soviel Unruhe gemacht habe«, entschuldigte sie sich, »aber ich – ich fürchtete mich sehr.«

»Sind Sie sicher, daß jemand in Ihrem Zimmer war?« fragte Digby.

»Ganz sicher.«

Aus einem Gefühl heraus hatte sie vorhin die Karte mit der blauen Hand nicht erwähnt und verschwieg sie auch jetzt.

»Und Sie glauben, daß die Person vom Balkon aus in Ihr Zimmer gekommen ist?«

Sie nickte.

»Kann ich Ihr Zimmer einmal ansehen?«

Sie zögerte.

»Ich gehe voraus, ich möchte zuerst ein wenig aufräumen.« Sie erinnerte sich, daß die graue Karte noch auf ihrem Bett lag. Sie wollte unter keinen Umständen, daß Mr. Groat sie las.

Ohne weitere Aufforderung folgte Jim Steele Digby nach oben und betrat zusammen mit ihm den prachtvoll ausgestatteten Raum. Auch er war über die ungewöhnliche Einrichtung erstaunt. Er warf einen mißtrauischen Blick auf Digby, der die Balkontür untersuchte.

»Es stimmt, die Tür ist nur angelehnt. Sie hatten sie vorher bestimmt geschlossen?«

»Ja, ich besinne mich genau. Ich öffnete nur die beiden Oberfenster, um in der Nacht frische Luft zu haben.«

Digby öffnete die Balkontür, trat hinaus und ging den Balkon entlang bis zur viereckigen Veranda über dem Hauptportal. Hier gab es ebenfalls eine große Fenstertür, die ins Treppenhaus führte, doch sie war verschlossen. Er kam zurück.

Erst dachte er, daß seine Mutter das Schlafzimmer des jungen Mädchens nach irgendwelchen glitzernden Schmuckstücken abgesucht haben könnte. Aber die alte Frau war nicht gewandt genug und hätte auch nicht den Mut gehabt, mitten in der Nacht einen solchen Raubzug zu unternehmen.

»Sie müssen geträumt haben, Miss Weldon«, meinte er scherzend. »Und nun rate ich Ihnen, ins Bett zu gehen und zu schlafen. Es tut mir leid, daß Ihr Aufenthalt in meinem Hause mit einem so unangenehmen Vorfall beginnt.«

Den Zufall von Jim Steeles Anwesenheit hatte er nicht mehr erwähnt. Erst als sie sich von Eunice verabschiedeten und wieder unten in der Halle standen, kam er darauf zurück.

»Das ist ja ein merkwürdiges Zusammentreffen, daß Sie sich gerade vor der Haustür befanden. Was machten Sie dort? Haben Sie vielleicht Daktyloskopie studiert?«

»So ähnlich.«

Mr. Groat zündete sich eine Zigarette an.

»Ich dachte, Sie seien tagsüber so beschäftigt, daß Ihnen keine Zeit bliebe, sich nachts auf dem Grosvenor Square herumzutreiben.« Er lachte plötzlich. »Sie sind ein seltsamer Mensch! Aber da Sie schon hier sind, kommen Sie doch einmal mit, ich will Ihnen mein Laboratorium zeigen.«

Jim hatte ohnehin den Wunsch, es zu sehen. Diese Einladung ersparte ihm, danach zu fragen.

Sie gingen durch den langen Gang und betraten durch die weiße Tür einen großen Anbau. Die Wände waren fensterlos und weiß gekachelt. Tagsüber erhellte ein großes Oberlicht den Raum. Jetzt brannten zwei starke Lampen an der Decke.

In der Mitte stand ein kleiner, eiserner Tisch, an dessen Füßen sich Hartgummirollen befanden. Die Platte war weiß emailliert und in Abständen mit ungewöhnlichen Schrauben versehen.

Jim interessierte sich weniger für den Tisch als für das Tier, das daraufgeschnallt war. Sein Körper wurde durch zwei Federn festgehalten, von denen sich eine über den Hals, die andere über die Hüftgegend spannte. Die vier Pfoten waren durch dünne Schnürbänder zusammengebunden. Hilfesuchend richtete der rauhhaarige Terrier die Augen auf die Eintretenden.

»Ist das Ihr Hund?«

»Ja, er gehört mir. Warum fragen Sie?«

»Sind Sie denn mit Ihrer Operation fertig – haben Sie den Splitter aus der Pfote gezogen?«

»Nein, ich bin noch nicht ganz fertig.«

»Sie halten Ihren Hund nicht gerade sauber, wenn ich mir die Bemerkung erlauben darf.«

»Was, zum Teufel, wollen Sie damit sagen?«

»Ich habe den Eindruck, daß es nicht Ihr Hund ist, sondern ein verlaufener Terrier, den Sie vor einer halben Stunde von der Straße ins Haus gelockt haben.«

»Nun – und?«

»Machen wir es kurz – ich will Ihnen gleich sagen, daß ich Sie dabei beobachtet habe.«

Digby kniff die Augen zusammen.

»Ach! Sie schnüffeln also hinter mir her?«

»Das gerade nicht. Ich habe nur meiner Neugier etwas nachgegeben.«

»Gut – dann kann ich Ihnen ja auch sagen, daß ich im Begriff bin, eine interessante Operation auszuführen. Ich will einen Teil des Gehirns entfernen, um zu sehen...«

»Und wo haben Sie die Betäubungsmittel?« unterbrach Jim leise und höflich.

»Betäubungsmittel? Großer Gott, Sie werden doch nicht glauben, daß ich mein Geld verschwende, um einen Hund zu chloroformieren? Sie sind etwas weichherzig, Mr. Steele! Und sie müßten eigentlich wissen, daß die medizinische Wissenschaft ihre großen Fortschritte den Tierversuchen verdankt.«

»Anständige Ärzte, die mit lebenden Tieren experimentieren, betäuben sie, bevor sie das Messer gebrauchen. Außerdem müssen diese Ärzte ein Zeugnis und einen Erlaubnisschein von der Ärztevereinigung haben, bevor sie solche Experimente ausführen dürfen. Wollen Sie so liebenswürdig sein, mir diesen Schein zu zeigen?«

Digbys Gesicht verfinsterte sich.

»Belästigen Sie mich nicht!« rief er ärgerlich. »Ich brachte Sie hierher, um Ihnen mein Laboratorium...«

»Ich hätte mich ohnehin dafür interessiert, weil ich mich mit Ihren Erklärungen nicht zufriedengeben konnte. – Ich gebe Ihnen drei Minuten Zeit, Mr. Groat, um den Hund von seinen Fesseln zu befreien!«

Digby wurde furchtbar wütend.

»Und wenn ich es nicht tue?« fragte er schnaubend.

»Dann mache ich mit Ihnen das gleiche, was Sie mit dem Hund gemacht haben. Glauben Sie, daß ich dazu nicht imstande bin?«

Einen Augenblick herrschte Schweigen.

»Nehmen Sie jetzt die Klammern von dem Hund!«

Ihre Blicke maßen sich. Böser Haß glühte in Digbys Augen, aber dann fügte er sich. In einer Minute war das Tier befreit. Jim nahm den kleinen, zitternden Hund in die Arme und streichelte ihn. Düster beobachtete Digby die Szene.

»Ich werde Ihnen das nicht vergessen – es soll Ihnen noch leid tun, daß Sie mich bei meiner Arbeit gestört haben!«

Jim sah ihn fest an.

»Ich habe mich noch nie vor Drohungen gefürchtet und tue es auch jetzt nicht. Ich gebe gerne zu, daß die Wissenschaft Tierversuche braucht, aber nur unter gewissen Voraussetzungen. Sadisten Ihrer Art bringen die Wissenschaft nur in Mißkredit. Sie, Mr. Groat, haben nicht die leiseste Absicht, der Wissenschaft oder gar der Menschheit zu dienen. In diesem Laboratorium habe ich zwei Tiere angetroffen – das größere lasse ich zurück!«

Er schlug die Tür hinter sich zu. Digbys Eitelkeit war maßlos gekränkt.

Nach einigen Augenblicken kam Jim nochmals zurück.

»Haben Sie die Haustür geschlossen, als Sie nach oben gingen?«

Digby runzelte die Stirn.

»Ja. Warum fragen Sie?« Die Beleidigung, die ihm Jim zugefügt hatte, schien er vergessen zu haben.

»Sie steht weit offen. Vermutlich hat der mitternächtliche Besucher inzwischen Ihr Haus verlassen.«

## 6

Als Eunice am Morgen erwachte, war alle Furcht verflogen, und sie schämte sich wegen ihres Betragens in der Nacht. Trotzdem – die graue Karte war eine Tatsache. Sie zog sie unter dem Kissen hervor und grübelte darüber nach. Wer immer in ihr Zimmer eingedrungen sein mochte, ihr Feind konnte es nicht gewesen sein. Da kam ihr ein Gedanke, der ihr Herzklopfen verursachte. Jim? Könnte es nicht Jim ... Doch nein – eine innere Stimme sagte ihr, daß Jim nicht in Frage kam. Unmöglich konnte es seine Hand gewesen sein, die sie berührt hatte, denn sie kannte ihre Form genau und erinnerte sich zu gut an seinen warmen und starken Händedruck.

Sie ging zum Frühstück ins Speisezimmer und fand dort Mr. Groat, tadellos gekleidet und guter Laune. Man konnte ihm nicht die geringste Ermüdung anmerken, obwohl er sich erst um vier Uhr schlafen gelegt hatte. Höflich begrüßte er sie.

»Guten Morgen, Miss Weldon, ich hoffe, Sie haben sich von Ihrem nächtlichen Schrecken erholt?«

»Es tut mir leid, daß ich Ihnen Umstände und Mühe gemacht habe.« Sie lächelte ein wenig verlegen.

»Ach, das ist nicht der Rede wert. Ein Glück, daß unser Freund Steele zugegen war, der Sie beruhigen konnte – ach ja, da fällt mir ein, ich muß mich bei Ihnen entschuldigen. Ich habe Ihnen gestern abend ein kleine Lüge gesagt.«

Sie sah ihn an.

»So?«

»Ja – ich erzählte Ihnen doch, daß ich meinem Hund einen Glassplitter aus der Pfote gezogen hätte. Es war aber in Wirklichkeit gar nicht mein Hund, ich hatte ihn auf der Straße aufgelesen und wollte ein kleines Experiment mit ihm machen. Sie wissen, daß ich Arzt bin?«

»Also darum die entsetzlichen Laute?« fragte sie erschrocken und begann in der bloßen Erinnerung wieder zu zittern.

»Nein, nein, der Hund fürchtete sich nur. Ich hatte ja noch gar nicht begonnen. Ihr Freund hat mich dann überredet, den Köter laufenzulassen.«

»Gott sei Dank!« Sie atmete erleichtert auf.

»Steele dachte zuerst, daß ich meine Experimente mache, ohne die Tiere zu chloroformieren, aber das ist natürlich absurd. Es ist sehr schwer, Leuten, die nicht vom Fach sind, zu erklären, welche Fortschritte die medizinische Wissenschaft durch die Tierversuche gemacht hat.«

Digby Groat wußte genau, daß Jim wieder mit Eunice zusammentreffen und ihr dann von seinem Erlebnis im Laboratorium auf seine Art erzählen würde. Es war daher notwendig, daß er als erster von dieser Geschichte sprach, um ihr die Spitze zu nehmen. Er wollte das Mädchen nicht abschrecken, sondern im Gegenteil möglichst gute Beziehungen herstellen. Digby hatte schon viele Frauen gekannt, aber wirklich verliebt war er noch nie gewesen. Eunice Weldon hatte von allen bisher den tiefsten Eindruck auf ihn gemacht, darum hatte er sie ins Haus geholt, und er fand sie heute noch viel schöner und begehrenswerter als vor einigen Tagen.

»Meine Mutter kommt nie zum Frühstück herunter«, bemerkte er im Lauf der Unterhaltung. »Glauben Sie, daß Ihre Beschäftigung Sie befriedigen wird?«

»Ich weiß noch gar nicht, um was es sich handelt.«

»Meine Mutter ist ein wenig sonderbar, ich möchte fast sagen, exzentrisch. Aber ich glaube, Sie sind verständig genug, um mit ihr fertig zu werden. Die Arbeit ist bestimmt nicht schwierig, und ich hoffe, daß Sie mir bald auch bei meinen anthropologischen Studien helfen können. Ich studiere nämlich Gesichter und Köpfe. Zu diesem Zweck habe ich unzählige Fotografien aus allen Teilen der Welt gesammelt. Die Anthropologie ist in unserem Lande bis jetzt sehr vernachlässigt worden. Die Italiener haben es darin weitergebracht. Vielleicht haben Sie schon von Mantegazza und Lombroso gehört?«

»Das sind die großen Kriminalisten, nicht wahr?« sagte sie zu seinem Erstaunen. »Natürlich würde ich Ihnen sehr gern bei dieser Arbeit helfen, wenn Ihre Mutter mich manchmal freigibt.«

»Ach, es wird sich bestimmt machen lassen.«

Ihre Hand lag auf dem Tisch, ganz nahe bei der seinen, und er war in Versuchung, sie zu streicheln. Doch er beherrschte sich – ja, wenn es irgendeine andere Frau gewesen wäre, dann hätte er liebenswürdig seine Hand auf die ihre gelegt; sie hätte verwirrt gelacht, die Augen niedergeschlagen, und das übrige hätte sich ergeben. Bei Eunice dagegen durfte er nicht so vorgehen, sonst würde sie wahrscheinlich heute abend nicht mehr im Hause sein. Er konnte warten, und sie war es wert, daß man wartete. Wie für die meisten Menschen bedeuteten auch für Digby Groat die Jagd nach Vergnügen und der Vorgenuß schon die Hälfte aller Freuden des Lebens.

Als sie aufschaute, begegnete sie einem seiner brennenden Blicke und errötete. Mit Überwindung sah sie ihn noch einmal an, doch konnte sie nichts Ungewöhnliches mehr bemerken.

7

Die ersten Tage in ihrer neuen Stellung waren eine harte Probe für Eunice Weldon. Am dritten Tag beklagte sie sich während des Frühstücks bei Digby, daß Mrs. Groat ihr überhaupt nichts zu tun gebe.

»Ich fürchte, daß ich hier überflüssig bin. Unter diesen Umständen kann ich auch kein Gehalt von Ihnen annehmen.«

»Warum denn?« fragte er schnell.

»Ihre Mutter zieht es vor, ihre Briefe selbst zu schreiben. Außerdem scheint ihre Korrespondenz nicht umfangreich zu sein!«

»Ach was, Unsinn!« entfuhr es ihm schroff. Als er aber sah, daß dieser Ton sie beleidigte, sprach er liebenswürdig weiter. »Meine Mutter ist nicht daran gewöhnt, daß man ihr hilft. Sie will alles selbst tun und glaubt, daß niemand sonst es kann. Deshalb sieht sie ja auch so angegriffen und alt aus, weil sie so abgearbeitet ist. Es gibt hundert Dinge, die sie Ihnen übertragen könnte. Sie müssen Geduld haben mit der alten Frau, Miss Weldon, es dauert einige Zeit, bis sie Zutrauen gefaßt hat.«

»Ich verstehe.«

Nach dem Frühstück ging Digby gleich in das kleine Wohnzimmer seiner Mutter. Er fand sie dort nicht, sie saß im Ankleideraum dicht am Kamin neben dem offenen Feuer. Er schloß die Tür und kam auf sie zu. Sie schaute ihn furchtsam an.

»Warum gibst du dem Mädchen nichts zu tun?« fragte er scharf.

»Ich habe doch gar nicht so viel zu tun«, sagte sie weinerlich. »Hör, Digby, das ist eine ganz überflüssige Ausgabe, und ich kann sie auch gar nicht leiden.«

»Du wirst ihr ab heute Arbeit geben – ich möchte dir das nicht noch einmal sagen müssen!«

»Sie wird mich nur ausspionieren. Du weißt doch, daß ich seit Jahren keine Briefe mehr geschrieben habe, ausgenommen an den Rechtsanwalt.«

»Du wirst ihr Arbeit geben!« wiederholte Digby. »Hast du mich verstanden? Laß sie alle Rechnungen durchsehen, die du in den letzten Jahren bekommen hast. Sie soll sie ordnen und alle Ausgaben in ein Buch eintragen. Auch deine Bankabrechnungen kannst du ihr geben. Sie soll sie mit den Schecks vergleichen. Verdammt – wenn du nur wolltest, hättest du genug für sie zu tun! Du kannst wahrhaftig auch selbst einmal auf eine Idee kommen, es ist gräßlich, daß ich dich immer beaufsichtigen muß!«

»Ich will es tun, Digby, ich will es ja... Du bist wieder hart und böse zu mir. Ich hasse dieses ganze Haus!« rief sie plötzlich heftig. »Ich hasse die Leute hier im Hause. Heute morgen habe ich in ihr Zimmer gesehen, es sieht ja aus wie in einem Palast. Es muß Tausende von Pfund gekostet haben, nur diesen Raum einzurichten. Es ist einfach eine Sünde, so viel für ein einfaches Mädchen auszugeben!«

»Das geht dich gar nichts an! Du sollst ihr für die nächsten vierzehn Tage Arbeit geben!«

Eunice war überrascht, als Mrs. Groat sie rufen ließ.

»Ich habe etwas für Sie zu tun, Miss... Ich kann mir Ihren Namen nicht merken.«

»Weldon ist mein Familienname, aber Sie können mich auch Eunice nennen.«

»Ich kann den Namen Eunice nicht leiden«, murmelte Mrs. Groat vor sich hin. »Die letzte hieß Lola, eine Ausländerin – ich war froh, als sie ging.« Sie räusperte sich und wies auf eine auf dem Tisch stehende Schublade mit Schecks, die von der Bank zurückgekommen waren. »Sehen Sie diese Papiere durch, machen Sie irgend etwas damit – ich weiß nicht, was.«

»Soll ich sie vielleicht an die Rechnungen heften, zu denen sie gehören?«

»Ja, ja – aber Sie wollen es doch nicht hier machen? Oder doch, es ist besser, wenn Sie damit nicht aus meinem Zimmer gehen! Ich wünsche nicht, daß die Dienstboten in meinen Abrechnungen herumschnüffeln.«

Eunice ordnete den Inhalt der Schublade und verglich die Rechnungen mit den Abschnitten im Scheckbuch. Ihre goldene Armbanduhr, ein Geschenk ihres verstorbenen Vaters, legte sie auf den Tisch, weil sie sie bei der Arbeit störte. Mrs. Groats habgierige Blicke richteten sich sofort darauf, und sie rückte immer näher.

Die Arbeit war recht umständlich und zeitraubend, doch Eunice ging methodisch vor, und als der Gong zu Tisch rief, war sie fast fertig. Sie stellte die Schublade beiseite und wollte ihre Armbanduhr wieder anziehen, aber sie war verschwunden. In diesem Augenblick trat Digby Groat ein.

»Hallo, es ist Zeit zum Lunch! Hast du den Gong nicht gehört, Mutter? Du mußt Miss Weldon jetzt gehen lassen.«

Eunice schaute sich überall um.

»Haben Sie etwas verloren?« fragte Digby.

»Ich kann meine Armbanduhr nicht finden. Ich habe sie vor einiger Zeit hier auf den Tisch gelegt, jetzt ist sie nicht mehr da.«

»Vielleicht ist sie in der Schublade«, stammelte die alte Frau, ohne ihren Sohn anzusehen.

Digby warf einen prüfenden Blick auf sie und bat Eunice:

»Würden Sie so liebenswürdig sein und Jackson den Auftrag geben, meinen Wagen um drei Uhr bereitzuhalten?«

Er wartete, bis sie draußen war.

»Wo ist die Uhr?« fragte er schroff.

»Die Uhr, Digby?«

»Willst du die Uhr hergeben?« schrie er. Sein Gesicht wurde dunkel vor Wut.

Sie steckte die Hand zögernd in die Tasche und holte die Uhr hervor.

»Sie sieht so schön aus«, stotterte sie.

Digby riß sie ihr aus der Hand.

Gleich darauf kam Eunice zurück.

»Wir haben sie gefunden!« rief ihr Digby entgegen. »Sie war unter den Tisch gefallen.«

»Ich dachte, da hätte ich auch nachgesehen. Sie ist nicht besonders wertvoll, aber sie hat verschiedene Funktionen zu erfüllen. Abgesehen von ihrem eigentlichen Zweck ist sie ein Andenken – und dann verdeckt sie auch meine häßliche Narbe.« Etwas geniert drehte sie rasch ihr Handgelenk ans Licht.

Digby sah einen runden, roten Fleck, etwa so groß wie ein Halbschillingstück, der wie eine alte Brandwunde aussah.

Rasch drehte er sich um – seine Mutter hatte einen unterdrückten Schrei ausgestoßen. Ihr Gesicht war verzerrt, sie starrte auf Eunice.

»Digby, Digby!« schrie sie. »O mein Gott!«

Sie fiel über den Tisch. Bevor er sie erreichen konnte, war sie auf den Boden gesunken. Digby beugte sich über seine Mutter. Dann drehte er den Kopf zu der erschrockenen Miss Weldon um und fragte:

»Warum regt sie sich so maßlos über Ihre kleine Narbe auf?«

8

Die Geschichte mit der Narbe, vor allem der Eindruck, den die Narbe auf Mrs. Groat gemacht hatte, stimmten Jim nachdenklich. Er versuchte, die Dinge auf seine Weise zu erklären, aber Eunice lachte ihn aus.

»Ich werde diese Stelle wieder aufgeben«, sagte sie, »aber die Arbeiten, die mir jetzt übertragen wurden, will ich noch erledigen. Ihre Vermutung, Jim, ich sei die junge Dame, die das große Vermögen erben sollte, ist absurd. Meine Eltern lebten in Südafrika. Sie sind viel zu romantisch, als daß Sie ein guter Detektiv sein könnten!«

Er leistete sich den Luxus, ein Taxi zu nehmen und sie zum Grosvenor Square zurückzubringen. Vor der Haustür verabschiedete er sich von ihr.

Während sie sich noch auf der Treppe unterhielten, öffnete sich die Tür. Ein kleiner, kräftiger Mann mit großem braunem Bart kam heraus. Er war in Begleitung von Jackson, der jetzt in der offenen Tür stehenblieb. Offenbar sah er die beiden Leute draußen nicht.

»Mr. Groat ist um sieben Uhr wieder zu Hause, Mr. Villa!« rief er dem Mann nach.

»Sagen Sie ihm, daß ich dagewesen bin«, antwortete der Fremde laut und ging an Jim vorbei davon.

»Wer ist dieser Mann mit dem Bart?« fragte Jim, aber Eunice kannte ihn nicht.

Die Vermutungen über Eunice Weldons Herkunft ließen Jim auf dem Heimweg keine Ruhe. Einer seiner Schulfreunde lebte in Kapstadt. Obwohl er spürte, daß er hinter einem Schatten herjagte, gab er ein langes Telegramm mit bezahlter Antwort auf. Er machte sich keine Hoffnungen und ging bedrückt nach Hause.

Am nächsten Tag teilte ihm Eunice mit, daß sie nicht zum Tee kommen könnte. Der Tag war für ihn langweilig und verloren. Am Abend kam die Antwort auf sein Telegramm, die alle romantischen Träume zerstörte, soweit sie Eunice Weldons Anwartschaft auf das Millionenvermögen der Dantons betrafen. Eunice May Weldon war am 12. Juni 1910 in Rondebosch geboren. Ihre Eltern waren Henry Weldon, ein Musiker, und Margaret May Weldon. Sie war in der Kirche von Rondebosch getauft worden. Beide Eltern waren tot.

Der Schluß des Telegramms erstaunte Jim sehr. Er lautete: ›Eine ähnliche Anfrage wegen der Eltern Eunice Weldons erhielt das zuständige Amt vor etwa sechs Monaten von der Firma Selenger & Co., Brade Street Buildings.‹

»Selenger & Co.«, murmelte Jim. Das war ein neues Rätsel. Wer mochte sonst noch Nachforschungen über das Mädchen anstellen? Er nahm das Telefonbuch, schlug die Adresse der Firma nach und fand sie auch gleich. Er griff nach seinem Hut, hielt ein Taxi an und fuhr zur Brade Street. Nach einigem Suchen fand er auch das Geschäftshaus. Auf dem umfangreichen Firmenverzeichnis am Eingang war auch die Firma Selenger & Co. vermerkt. Das Büro befand sich im Erdgeschoß, Zimmer 6.

Die Tür war verschlossen, niemand öffnete. Jim suchte den Portier auf.

»Nein, Sir«, sagte der Mann kopfschüttelnd, »Selengers arbeiten jetzt nicht. Am Tag ist niemand da, nur nachts.«

»Nachts?« wiederholte Jim erstaunt. »Das ist aber eine etwas ungewöhnliche Zeit, um Geschäfte zu machen.«

Der Portier sah ihn ärgerlich an.

»Die Leute müssen selbst am besten wissen, wie sie ihre Geschäfte machen«, erklärte er mit Nachdruck.

Es dauerte einige Zeit, bis Jim den beleidigten Mann beruhigen konnte. Aus der weiteren Unterhaltung entnahm er, daß Selengers offenbar bevorzugte Mieter waren. Wegen einer Beschwerde dieser Firma war sein Vorgänger entlassen worden, und die Neugier einer Reinemachefrau führte zum sofortigen Hinauswurf der Vorwitzigen.

»Ich glaube, sie handeln mit ausländischen Aktien«, sagte der Portier, »es kommen viele Auslandstelegramme, aber den Inhaber des Geschäfts habe ich noch nie gesehen. Er benützt einen Seiteneingang.«

Dieser Seiteneingang führte von einem kleinen Hof aus direkt in die Büroräume. Selenger & Co. war die einzige Firma in diesem Gebäude, die zwei Eingänge und außerdem die Erlaubnis besaß, die ganze Nacht hindurch zu arbeiten.

»Selbst die Bankagenten in der zweiten Etage müssen um acht Uhr schließen«, versicherte der Portier. »Und das ist sehr hart für sie, besonders wenn gerade Aktienhausse ist, dann haben sie so viel zu tun, daß sie bis zwölf offenhalten könnten. Aber um acht wird geschlossen. Die Mieten sind nicht besonders hoch, und die Nachfrage nach Büros in der City ist groß. Jedenfalls – die Zeiten werden hier strikt eingehalten. Das war schon so zu Mr. Dantons Zeit.«

»Mr. Dantons Zeit?« fragte Jim überrascht. »War er denn der Eigentümer des Gebäudes? Sie meinen doch den Reeder Danton, der ein Millionenvermögen besaß?«

»Jawohl, Sir!« Der Portier schien mit der Wirkung seiner Worte sehr zufrieden zu sein. »Aber er hat es verkauft oder sonstwie veräußert – es ist schon lange her. Ich weiß es zufällig, weil ich damals im gleichen Hause als Bürobote angestellt war. An Mr. Danton kann ich mich noch genau erinnern, sein Büro war in der ersten Etage . . .«

»Wer ist jetzt dort?«

»Ein Ausländer, Levenski, aber er ist fast nie hier.«

Jim hielt die Nachrichten, die er erhalten hatte, für so wichtig, daß er Mr. Salter in seiner Wohnung aufsuchte. Der Rechtsanwalt wußte jedoch nichts Näheres über das Geschäftshaus in der Brade Street. Er konnte sich lediglich besinnen, daß es eine Privatspekulation Dantons gewesen war und daß er das Gebäude ohne Rücksprache mit seinem Anwalt veräußert hatte.

»Ich möchte Sie noch etwas fragen, Mr. Salter, wenn ich schon hier bin – ich verstehe nicht recht, warum dieser Mr. Groat so viele spanische Freunde hat. Da ist zum Beispiel eine junge Dame, die er häufig sieht, Condesa Manzana. Haben Sie schon von ihr gehört?«

»Ich lese ihren Namen gelegentlich in der Zeitung.«

»Es verkehren noch andere Spanier bei ihm, besonders ein gewisser Villa. Auch habe ich erfahren, daß Mr. Groat fließend Spanisch spricht.«

»Das ist merkwürdig.« Mr. Salter lehnte sich im Sessel zurück. »Sein Großvater hatte auch viele spanische Freunde. Vielleicht gibt es irgendeine spanische Verwandtschaft in der Familie. Der alte Danton, ich meine Jonathan Dantons Vater, verdiente den größten Teil seines Vermögens in Spanien und Zentralamerika. Die Dantons waren eigentlich eine sonderbare Familie, sie lebten alle sehr zurückgezogen und für sich, und ich glaube, Jonathan Danton hat in den letzten Jahren seines Lebens kaum ein Dutzend Worte mit seiner Schwester gewechselt. Ich kenne auch andere Familien, in denen dergleichen vorkommt.«

»Hat der Vater Dantons Mrs. Groat irgendein Vermögen hinterlassen? Er hatte doch nur zwei Kinder? Den Sohn und diese Tochter?«

»Er hat ihr keinen Penny vermacht. Sie lebte in Wirklichkeit von der Mildtätigkeit ihres Bruders. Ich weiß nicht, warum der Vater sie nicht mochte. Auch Jonathan wußte es nicht, denn der Alte sprach sich darüber nie aus. Jonathan hat sich einige Male mit mir darüber unterhalten, womit seine Schwester sich wohl die Abneigung ihres Vaters zugezogen haben könnte. Diese Abneigung, um nicht zu sagen Feindschaft, war der Grund, warum er seine Tochter im Testament vollständig überging. Mag sein, daß er sich über die Heirat mit Mr. Groat ärgerte, der keine besondere gesellschaftliche Stellung einnahm. Er war nur Angestellter in Dantons Liverpooler Büro. Er wußte sich in Gesellschaft nicht zu bewegen, hatte ein unfreundliches Wesen und stand auch mit seiner Frau nicht auf gutem Fuß. Die arme Lady Mary war die einzige, die ihn gut behandelte. Seine Frau haßte ihn, doch den eigentlichen Grund kenne ich nicht. Als er starb, hinterließ er sein Geld einem entfernten Vetter. Es waren etwa fünftausend Pfund, der Himmel mag wisssen, woher er die hatte. – Aber nun machen Sie, daß Sie fortkommen, Steele!« rief Salter verzweifelt. »Sie bringen mich immer wieder auf diese alten Geschichten!«

Am nächsten Morgen – er hatte diesen Vormittag freigenommen – suchte Jim das Ministerium des Innern auf. Er wollte das Geheimnis aufklären, das über Madge Benson lag. Weder das Polizeipräsidium noch die Zentraldirektion der Gefängnisse waren bereit gewesen, einem Privatmann irgendwelche Auskünfte zu geben. Darauf hatte er sich in seiner Verzweiflung ans Büro des Unterstaatssekretärs gewandt. Dort saß nämlich ein Freund von ihm, ein Mann, mit dem zusammen er im Krieg in Frankreich gewesen war.

Als Jim zu dem vereinbarten Treffen erschien, empfing ihn der Freund sehr herzlich. Er nahm ein Blatt Papier von seinem Schreibtisch.

»Leider kann ich Ihnen nur wenig in dieser Angelegenheit mitteilen. Eigentlich dürfte ich Ihnen ja überhaupt nichts darüber sagen – aber hier ist die Auskunft, die mir die Gefängnisdirektion gesandt hat.«

Jim las die wenigen Zeilen, die darauf standen: ›Madge Benson, 26 Jahre alt, Hausmädchen. Ein Monat Gefängnis wegen Diebstahls. Verurteilt vom Polizeigericht in Marylebone, 5. Juni 1911. Überführt nach Holloway-Gefängnis. Entlassen am 2. Juli 1911.‹

»Wegen Diebstahls? Man weiß natürlich nicht, was sie gestohlen hat?« fragte Jim.

»Nein. Ich würde Ihnen raten, den Gefängniswärter in Marylebone aufzusuchen. Diese Leute haben oft ein außerordentlich gutes Gedächtnis für Personen. Außerdem könnten Sie dort die Akten über die Verurteilung einsehen. Aber es wäre besser, wenn Sie Mr. Salter bitten, einen Antrag zu stellen. Einem Rechtsanwalt wird man die Einsicht nicht verweigern.«

Gerade dies wollte Jim ja lieber vermeiden.


9

Allmählich gewöhnte sich Eunice Weldon an ihre neue Umgebung. Seit Mrs. Groat krank war, bekam sie mehr Arbeit, wie Digby Groat vorausgesagt hatte. Er ließ sie auch die Haushaltungsbücher durchsehen und ordnen. Sie war erstaunt, wie sparsam, ja geizig die alte Frau haushielt.

Eines Nachmittags, als sie den Sekretär aufräumte, blieb sie bewundernd vor dem alten schönen Möbelstück stehen, das halb Schreibtisch, halb Bücherschrank war. An einer besonders schönen Stelle des Seitenteils strich sie mit den Fingerspitzen über die glatte, polierte Fläche des dunklen Mahagoniholzes. Zu ihrem Erstaunen spürte sie, daß an einer bestimmten Stelle das Holz unter dem Druck ihrer Finger nachgab. Eine kleine Klappe sprang auf, deren feine Scharniere so kunstgerecht angebracht waren, daß man sie von außen nicht sehen konnte.

Ein Geheimfach in einem alten Sekretär ist keine außergewöhnliche Entdeckung. Neugierig tastete Eunice das Fach ab und zog ein zusammengefaltetes Aktenstück heraus. Sonst befand sich nichts in dem Versteck.

Durfte sie das Schriftstück lesen? Wenn Mrs. Groat es so sorgfältig und geheim aufbewahrte, wollte sie es offenbar vor fremden Augen schützen. Trotzdem, es konnte vielleicht nützlich sein, wenn sie als Sekretärin wußte, was ... Unschlüssig öffnete sie das Schreiben. Am Kopf des Dokumentes war ein Stück Papier angeheftet, auf das Mrs. Groat geschrieben hatte: ›Dies ist mein Letzter Wille, der gleichlautend ist mit den Instruktionen, die ich Mr. Salter in einem versiegelten Briefumschlag übergeben habe.‹

Das Wort ›Salter‹ war ausgestrichen, darüber stand der Name einer anderen Anwaltsfirma. Bei dem Dokument handelte es sich um ein vorgedrucktes Formular, wie man es überall kaufen konnte. Der eigentliche Text war nur kurz: ›Ich hinterlasse meinem Sohn Digby Francis Groat zwanzigtausend Pfund, außerdem mein Haus in London, 409 Grosvenor Square, mit der gesamten Einrichtung. Mein übriges Vermögen vermache ich Ramonez, Marqués von Estremeda, in Madrid.‹

Die Zeugen, die das Testament unterschrieben hatten, kannte Eunice nicht, sie waren als Dienstboten bezeichnet und mußten wohl ihre Stellung wieder aufgegeben haben.

Beim weiteren Aufräumen des Schreibtischs fand sie eine Miniatur, die eine schöne Frau mit kühnen Gesichtszügen und dunklen, sprühenden Augen darstellte. Der Kleidung und Frisur nach mußte das Bild um 1880 herum gemacht worden sein. Sie hätte gern gewußt, wen es darstellte. Sie nahm das Bildchen mit und zeigte es bei Tisch Digby Groat.

»Ach, das ist meine Mutter«, antwortete er gleichgültig. Eunice war überrascht. Er lachte.

»Wenn man sie jetzt sieht, würde man nicht glauben, daß sie früher so ausgesehen hat. Sie muß in ihrer Jugend sehr schön gewesen sein – ein wenig zu schön –.«

Plötzlich nahm er ihr die Miniatur aus der Hand und schaute auf die Rückseite des Bildes. Sie sah, daß er blaß wurde.

»Entschuldigen Sie – meine Mutter schreibt manchmal sonderbare Dinge auf die Rückseite ihrer Bilder.« Er machte einen zerstreuten Eindruck und wechselte das Thema. »Miss Weldon, wissen Sie, wie Sie zu dieser Narbe an Ihrem Handgelenk gekommen sind?«

»Es tut mir leid, daß ich sie Ihnen gezeigt habe. Sie sieht häßlich aus.«

»Wissen Sie nichts darüber?«

»Nein, meine Mutter hat es mir nicht gesagt. Es sieht aber so aus, als ob es eine Brandnarbe wäre. Nur – ich kann einfach nicht verstehen, daß Ihre Mutter deswegen den Anfall bekommen haben soll.«

»Ich nehme es aber doch an – es ist ein merkwürdiges Zusammentreffen.«

Er untersuchte den roten, runden Fleck sehr genau. Er hatte sich schon die größte Mühe gegeben, seine Mutter darüber auszufragen, ohne Erfolg damit zu haben. Seit drei Tagen lag sie apathisch im Bett, und wenn er seine Besuche im Krankenzimmer machte, schien sie ihn weder zu hören noch zu sehen. Jetzt erholte sie sich langsam. Bei der ersten Gelegenheit wollte er eine Erklärung von ihr fordern.

»Haben Sie sonst noch etwas gefunden?« fragte er mißtrauisch. Er fürchtete sich stets vor neuen, unbesonnenen Handlungen seiner Mutter. Ihr katastrophaler Hang zum Stehlen konnte einmal bekanntwerden.

Sie überlegte sich, ob sie ihm von ihrem Fund im Geheimfach erzählen sollte. Er las Zweifel und Unschlüssigkeit in ihrem Gesicht und wiederholte seine Frage.

»Ich fand das Testament Ihrer Mutter«, sagte sie zögernd.

Er hatte sein Frühstück schon beendet und rauchte. Aber die Zigarre fiel auf den Teppich, als er ihre Mitteilung hörte, und sein Gesicht wurde dunkel.

»Ihr Testament!« rief er. »Sind Sie auch ganz sicher? Ihr Testament ist beim Rechtsanwalt deponiert. Es wurde vor zwei Jahren aufgesetzt.«

»Das Testament, das ich gesehen habe, wurde erst vor zwei Monaten unterzeichnet«, erwiderte sie erschrocken. »Ich hoffe, daß ich nicht ein Geheimnis Ihrer Mutter verraten habe.«

»Zeigen Sie mir einmal dieses Dokument!« Digby erhob sich, er sprach abgerissen und heiser, und sie wunderte sich über sein verändertes Wesen.

Sie gingen zusammen in das dürftig eingerichtete Wohnzimmer seiner Mutter. Dort holte sie aus dem Geheimfach das Testament hervor. Er las es genau durch.

»Die Alte ist ganz verrückt geworden!« fuhr er böse auf.
»Haben Sie es gelesen?« Er sah sie scharf an.

»Ich habe etwas darin gelesen.« Sie war betroffen von seiner Schroffheit.

Leise vor sich hinmurmelnd, las er das Testament noch einmal durch.

»Wie kamen Sie darauf?«

»Ich habe es zufällig entdeckt.« Sie zeigte ihm, wie sie das Geheimfach gefunden hatte.

»Ich verstehe.« Langsam faltete Digby das Papier zusammen. »Miss Weldon, erzählen Sie mir jetzt, was Sie darin gelesen haben!«

Sie wußte nicht, was sie antworten sollte. Sie war doch eigentlich die Angestellte von Mrs. Groat und fühlte, daß sie eine Indiskretion begangen hatte.

»Ich habe etwas über ein Legat gelesen, das Ihre Mutter Ihnen aussetzte – aber ich habe nicht genau hingesehen.«

»Sie wissen also, daß meine Mutter mir zwanzigtausend Pfund vermacht und den Rest einem andern?«

Sie nickte.

»Wissen Sie auch, wie dieser andere heißt?«

»Ja, es ist der Marqués von Estremeda.«

Sein Gesicht war aschgrau, seine Stimme zitterte vor Wut.

»Wissen Sie, wie groß das Vermögen meiner Mutter ist?«

»Nein, Mr. Groat. Ich glaube auch, daß es nicht nötig ist, es mir zu sagen.«

»Sie besitzt eineinviertel Millionen Pfund – und mir hat sie zwanzigtausend vermacht!« stieß er haßerfüllt hervor.

Er drehte sich rasch um und ging zur Tür. Eunice ahnte, was er vorhatte, lief ihm nach und packte ihn am Arm.

»Mr. Groat!« beschwor sie ihn. »Sie dürfen jetzt nicht zu Ihrer Mutter gehen, das dürfen Sie nicht tun!«

Ihr Dazwischentreten ernüchterte ihn. Langsam ging er zum Kamin, nahm ein Streichholz und zündete das Testament an. Als die Flammen verloschen, zertrat er es mit den Füßen.

»Diese Sache ist geregelt!« Er lächelte und war mit einemmal wieder der alte. »Wie Sie gemerkt haben dürften, ist meine Mutter nicht ganz normal. Es wäre zuviel gesagt, wenn ich sie für vollkommen verrückt erklärte. Ein Marqués von Estremeda existiert überhaupt nicht, soviel ich weiß. Es ist die fixe Idee meiner Mutter, früher einmal mit einem spanischen Adligen befreundet gewesen zu sein. Dies ist das traurige Geheimnis unserer Familie, Miss Weldon!«

Er lachte. Sie spürte, daß er log.


10

Digby Groat verwünschte sich selbst, daß er sich hatte gehenlassen. Er ärgerte sich jetzt, daß er vor Eunice das Testament zerstört hatte. Es konnte ihn in Schwierigkeiten bringen. Er war überzeugt, daß die großen Verbrecher durch Kleinigkeiten zu Fall gebracht werden. Er, das Haupt der Bande der Dreizehn, der alle Spuren seiner Vergehen so meisterhaft verwischt hatte, daß die tüchtigste Polizei der Welt ihm nichts nachweisen konnte, lief Gefahr, durch irgendeine Dummheit gefaßt zu werden, die er aus Wut oder Eitelkeit beging.

Er mußte Eunice Weldon für sich einnehmen. Ihre Schönheit und Intelligenz faszinierten ihn von Tag zu Tag mehr. Er wußte genau, daß sie Jim Steele traf, den Mann, den er haßte und der sein Todfeind war. Jackson war ihnen schon zweimal bei Ausgängen in die Stadt gefolgt und hatte ihm darüber berichtet. Die Möglichkeit, daß Jim sie liebte, erhöhte nur den Anreiz, das Mädchen für sich zu gewinnen. Es wäre die vollkommenste Rache an Steele. Er mußte Geduld haben und vorsichtig zu Werke gehen. Vor allem mußte er ihr Vertrauen erwerben und durfte auch nicht erwähnen, daß er von den Zusammenkünften mit Jim Steele wußte.

Er hatte an diesem Tag keinen Versuch mehr gemacht, mit seiner Mutter zu sprechen. Die Krankenschwester berichtete ihm, daß sie den ganzen Nachmittag geschlafen habe. Beim Abendessen erwähnte er Eunice gegenüber noch einmal die Szene vom Mittag.

»Sie müssen mich für sehr rücksichtslos halten, Miss Weldon.

Aber Sie wissen nicht, wie mich die vielen Dummheiten meiner Mutter mit der Zeit verärgert und nervös gemacht haben.«

Am liebsten hätte sie darüber nicht mehr gesprochen, denn sie machte sich selbst Vorwürfe, daß sie Digby Groat diese Sache mitgeteilt hatte.

»Ich brauche Ihnen wohl nicht zu sagen, Miss Weldon, daß alles, was in diesem Hause passiert, vertraulich ist und daß Sie nicht zu Fremden darüber sprechen dürfen.«

Er bemerkte, daß sie rot wurde und nervös mit ihrer Gabel spielte. Daraus schloß er, daß sie bereits Steele von dem Testament erzählt hatte. Zu ihrer größten Beruhigung sprach er jedoch von etwas anderem. Er erwähnte sein Laboratorium und die neuen elektrischen Geräte, die er ausprobieren wollte.

»Darf ich Ihnen mein Laboratorium einmal zeigen, Miss Weldon?«

»Ich würde mich freuen«, versicherte sie, was keineswegs stimmte, denn sein Laboratorium wollte sie überhaupt nicht sehen. Sie wußte von Jim, daß er neulich den kleinen Hund mit Klammern und Schrauben auf dem Operationstisch befestigt hatte. Seither war es für sie eine Stätte des Schreckens. Im Moment freilich erleichterte es sie, von etwas anderem als von dem Vorfall mit dem Testament reden zu können.

Als sie zusammen den Raum betraten, entdeckte sie nichts Schreckliches. Die Wände waren weiß und sauber, die Geräte und Gegenstände ordentlich aufgestellt. Auf Wandbrettern standen lange Reihen von Flaschen und Medikamenten. Er zeigte ihr kleine Glasröhren, geheimnisvolle Instrumente und Apparate. Obwohl sie nichts Ungewöhnliches entdecken konnte, fühlte sie sich erleichtert, als sie den Raum wieder verlassen konnte.

Den Abend hatte sie für sich. Digby ging um neun Uhr aus. Sie wollte lesen oder sich sonstwie den Abend vertreiben. Einige Möbel in ihrem Zimmer hatte sie umgestellt und den ohnehin prächtigen Raum noch hübscher gemacht.

Sie blätterte in den Büchern, die ihr Digby Groat zum Lesen gegeben hatte. Als sie ein Taschentuch aus der Handtasche nahm, berührte sie die kleine, graue Karte, die sie damals auf dem

Nachttisch gefunden hatte. Sie holte sie hervor und zerbrach sich aufs neue den Kopf über die Bedeutung der blauen Hand. Das Zeichen mußte mit einem Gummistempel aufgedrückt worden sein. Das Bild einer offenen Hand zeichnete sich klar und deutlich ab.

Später am Abend hörte sie Schritte auf dem Gang. Gleich darauf klopfte Digby Groat, der soeben nach Hause gekommen war, an die Tür.

»Ich sah, daß Sie noch Licht haben. Ich war im Ambassadorclub und habe Ihnen da etwas mitgebracht.«

Er überreichte ihr eine große Schachtel, um die eine fliederfarbene Seidenschleife geschlungen war. »Es wurde an die Gäste verteilt. Ich dachte, daß Sie vielleicht gern Pralinen essen. Es sind die besten, die in England hergestellt werden.«

Sie dankte. Er machte keinen Versuch, die Unterhaltung fortzusetzen, und verabschiedete sich höflich. Sie hörte, wie er seine Zimmertür öffnete und schloß. Fünf Minuten später kam er wieder auf den Gang hinaus. Seine Schritte entfernten sich.

Er geht ins Laboratorium, dachte sie. Es überlief sie kalt bei dem Gedanken, daß er zu dieser Nachtzeit vielleicht noch Experimente vornehmen wollte.

Die Schachtel hatte sie auf den Tisch gestellt und nachher, als sie sich in ein Buch vertiefte, vergessen. Als sie zu Bett ging, erinnerte sie sich daran, zog die Schleife auf und hob den Deckel ab, so daß sie den hübsch arrangierten Inhalt sehen konnte. Sie nahm ein Stück in die Hand.

Bum!

Sie drehte sich schnell um, das Stückchen Schokolade fiel ihr aus der Hand. Der Laut, der vom Fenster her gekommen war, hatte geklungen, als ob jemand dagegengeschlagen hätte. Sie eilte hin, zog die seidenen Vorhänge zurück, konnte aber nichts sehen. Sie nahm an, daß jemand von der Straße aus etwas gegen das Fenster geworfen habe. Trotzdem zögerte sie nervös, bevor sie hinaustrat, um den Boden abzusuchen. Sie konnte nichts entdecken. Der Balkon war leer.

Langsam kam sie ins Zimmer zurück und schloß die Balkontür. Da fiel ihr Blick auf die Scheibe. Atemlos vor Schreck sah sie auf dem Glas den lebensgroßen Abdruck einer menschlichen Hand in blauer Farbe!

Sie starrte auf das Zeichen. Ihre Neugier war noch größer als ihre Angst. Sie öffnete nochmals die Tür und betastete den Abdruck. Die Farbe war noch frisch. Sie ging den Balkon entlang bis zur Verandatür über dem Hauseingang. Sie versuchte diese Tür, die ins Treppenhaus führte, zu öffnen, aber sie war verschlossen.

Von hier aus konnte man den ganzen Platz übersehen. Eunice lehnte sich über das Geländer. Sie sah einen Herrn und eine Dame vorübergehen, die miteinander sprachen. Sie wollte sich schon wieder zurückziehen, als sie eine Frau, aus dem Haus kommend, die Vortreppe hinuntersteigen sah. Wer mochte es sein? Eunice kannte bereits alle Dienstboten und wußte bestimmt, daß es eine Fremde war. Vielleicht war es eine Bekannte Digby Groats, vielleicht auch eine Freundin der Krankenschwester. Doch die Art, wie sie sich bewegte, war so ungewöhnlich, daß Eunice instinktiv wußte, daß es die geheimnisvolle Person sein mußte, die den Abdruck auf die Fensterscheibe gemacht hatte. Die fremde Dame ging auf eine große Limousine zu, die auf der anderen Seite des Platzes wartete. Sie stieg ein, und der Wagen fuhr sofort davon.

Eunice war mehr aufgeregt als erschrocken. Die blaue Hand mußte irgendeine Warnung bedeuten. Nun wußte sie auch, welchen Weg die Fremde genommen hatte. Sie mußte die Haustür benützt und die Treppe hinaufgestiegen sein. Durch die Tür beim Treppenpodest war sie auf die kleine Veranda über dem Eingang und von da auf den Balkon gelangt. Auf dem Rückweg hatte sie die Tür zum Treppenhaus von innen wieder abgeschlossen.

Sollte sie nach unten gehen und Digby Groat alles erzählen? Nein, sie wollte dieses Geheimnis für Jim aufsparen. Mit einem Tuch wischte sie die blaue Farbe von der Fensterscheibe.

Gefühlsmäßig wußte Eunice, daß die fremde Frau ihr wohlwollte. Aber warum wählte sie einen so umständlichen Weg, setzte sich Gefahren aus, um das Zeichen der blauen Hand anzubringen? Warum schrieb sie nicht einfach einen Brief?

Ein anonymer Brief hätte ihr allerdings wenig Eindruck gemacht, überlegte Eunice. Wahrscheinlich hätte sie ihn zerrissen und in den Papierkorb geworfen. Diese nächtlichen Besuche riefen zweifellos einen stärkeren Eindruck hervor. Trotzdem war es ja gar nicht sicher, daß die Frau, die sie soeben aus dem Haus hatte kommen sehen, die geheimnisvolle Warnerin war. Eunice kannte den Bekanntenkreis Digby Groats nicht, die Dame in Schwarz war vielleicht eine Bekannte von ihm.

Sie legte sich zu Bett. Lange konnte sie nicht einschlafen. Sie verfiel in einen unruhigen Halbschlummer und wachte immer wieder auf. Schließlich stand sie auf und zog die Vorhänge zurück. Das graue Morgenlicht flutete ins Zimmer. Auf der Straße begann schon der Verkehr. Frische, kühle Morgenluft kam durchs Fenster, das Eunice geöffnet hatte. Sie bekam Hunger und besann sich auf die Pralinen, die Digby ihr gestern abend gebracht hatte. Sie packte ein Stück aus der Stanniolhülle und wollte es gerade in den Mund stecken, als ihr das Erlebnis von gestern abend in den Sinn kam. Die Warnung oder was immer es sein mochte, war genau in dem Augenblick erfolgt, als sie eine Praline essen wollte. Sie legte die Schokolade zurück und ging nochmals ins Bett. Sie wollte lieber warten, bis die Dienstboten aufstanden und sie etwas zu essen bekommen konnte.

## 11

Als Jim Steele an diesem Morgen seine Wohnung verlassen wollte, brachte ihm ein Eilbote ein großes Paket. Er erkannte sofort die Handschrift von Eunice. In seinem Arbeitszimmer öffnete er das Paket. Der beigelegte Brief war in Eile geschrieben worden und berichtete von den Ereignissen der letzten Nacht.

› . . . ich kann mir zwar nicht denken, daß die Warnung etwas mit dem Konfekt zu tun hat, aber irgendwie geht Ihr Vorurteil gegen Digby Groat auf mich über. Ich hatte bisher keinen Grund, ihn zu verdächtigen oder anzunehmen, daß er mir gegenüber schlechte Absichten haben könnte. Wenn ich Ihnen diese Bonbonniere schicke, erfülle ich damit nur Ihren Wunsch, Sie von allen außergewöhnlichen Dingen zu benachrichtigen, die hier vorgehen. Würden Sie so lieb sein, Jim, mich heute abend zum Essen abzuholen? Es ist mein freier Abend, und ich möchte Sie gern sprechen. Ich brenne darauf, Ihnen von der blauen Hand zu erzählen. Ist die Sache nicht furchtbar geheimnisvoll? Ich werde heute nachmittag den versäumten Schlaf nachholen, damit ich abends frisch und munter (und schön!) bin . . .‹

Jim pfiff vor sich hin. Bis jetzt hatte er die blaue Hand für etwas Zufälliges gehalten. Nun bekam sie aber eine neue Bedeutung. Es mußte ein mit Vorbedacht gewähltes Zeichen sein, das irgendwelche Beteiligten oder Betroffenen kennen mußten. Ob Digby Groat es kannte? Nein, Groat war die blaue Hand sicher ebenso geheimnisvoll wie Eunice und ihm selbst. Auf wen sonst aber konnte sich das Zeichen beziehen? Er wollte heute morgen Mr. Salter fragen.

Jim untersuchte die Bonbonniere. Die Pralinen waren sehr schön verpackt, der Name einer bekannten Firma im Westen Londons stand auf der Rückseite des Kartons. Er nahm einige Stücke heraus, legte sie in einen Briefumschlag und steckte ihn in die Tasche.

Als er seine Wohnung abschloß, warf er einen Blick auf die gegenüberliegende Tür, wo Mrs. Fane und die geheimnisvolle Madge Benson wohnten. Die Tür war nur angelehnt, er glaubte von unten die Stimme der Krankenschwester zu hören, die wahrscheinlich mit dem Portier sprach.

Er war im Begriff, die Treppe hinabzueilen, da hörte er einen lauten Hilferuf aus der Wohnung. Ohne zu zögern stieß er die Tür auf. Nur die letzte Tür auf der rechten Seite des Ganges stand offen, und aus diesem Zimmer zogen dünne Rauchschwaden auf den Gang. Jim eilte hinein; die Frau, die im Bett lag, stützte sich eben auf die Ellenbogen, als ob sie aufstehen wollte. Er sah, daß die Gardinen brannten, riß sie schnell herunter und trat die Flammen aus. Nach einigen Sekunden war die Gefahr gebannt.

Als er den letzten Funken gelöscht hatte, sah er zu der Frau hin. Sie mochte zwischen vierzig und fünfundvierzig sein. Ihr schönes, sanftes Gesicht machte einen großen Eindruck auf ihn. Die großen, leuchtenden Augen, das dunkelbraune, ein wenig angegraute Haar, die schönen Hände auf der Bettdecke – er nahm alles mit einem Blick auf und hatte das Gefühl, die Frau schon einmal gesehen zu haben. Er wußte, daß es ein Irrtum sein mußte.

»Ich bin Ihnen zu großem Dank verpflichtet, Mr. Steele«, sagte die Dame leise. »Es ist schon das zweitemal, daß so etwas passiert. Ein Funke von einer vorbeifahrenden Lokomotive muß ins Fenster gewirbelt sein.«

»Entschuldigen Sie bitte«, erwiderte er liebenswürdig, »ich wäre natürlich nicht hier eingedrungen, aber ich hörte Sie rufen. Sicher sind Sie Mrs. Fane?«

Er hörte die Krankenschwester zurückkommen. Sie wußte nichts von dem Vorfall und erschrak sehr, als ihr Brandgeruch entgegenschlug. Rasch ging er ihr entgegen und erklärte kurz, warum er in die Wohnung gekommen sei. Madge Benson verabschiedete ihn in merkwürdiger Eile, fast unhöflich.

»Mrs. Fane darf keine Besuche empfangen – sie regt sich zu sehr darüber auf.«

Verblüfft über den Hinauswurf fragte Jim:

»Was fehlt ihr denn?«

»Sie hat Paralyse in beiden Beinen. Denken Sie nicht, daß ich unliebenswürdig sein will, Mr. Steele ...«

Da sie sich doch offensichtlich nicht länger mit ihm unterhalten wollte, zog er sich zurück.

Das also war Mrs. Fane! Eine außerordentlich schöne Frau – schade, daß dieses schreckliche Leiden sie um die besten Jahre betrogen hatte.

Auf dem Weg zum Büro kam Jim in den Sinn, daß Mrs. Fane ihn sofort erkannt und seinen Namen genannt hatte. Wie konnte sie wissen, wer er war, wenn sie ihr Krankenzimmer nie verließ?

## 12

»Mr. Groat kommt heute nicht zum Frühstück herunter, er hat lange gearbeitet.«

Eunice nickte stumm. Im Grunde unterhielt sie sich immer noch lieber mit Digby Groat als mit seinem unsympathischen Diener, dessen Selbstbewußtsein und anmaßende Haltung sie nervös machten.

»Sie sind heute morgen früh weggegangen, Miss«, bemerkte Jackson mit schlauem Lächeln, als er einen frischen Teller vor sie hinstellte.

»Haben Sie etwas dagegen, wenn ich vor dem Frühstück ausgehe?« fragte sie ärgerlich.

»Durchaus nicht, Miss«, erwiderte er höflich. »Ich hoffe, daß ich Sie mit meiner Frage nicht gekränkt habe. Ich sah Sie nur zurückkommen.«

Sie hatte das Paket für Jim zur nächsten Post gebracht. Beinah hätte sie Jackson ihren Gang irgendwie zu erklären versucht, aber es lag ja kein Grund vor, sich vor ihm zu rechtfertigen. Jackson gab sich indessen noch nicht geschlagen, außerdem hatte er noch eine wichtige Neuigkeit mitzuteilen.

»Sind Sie gestern abend nicht gestört worden, Miss?«

»Warum? Was meinen Sie?« Eunice schaute auf. Sie begegnete seinem durchdringenden Blick und fühlte sich sehr unbehaglich.

»Gestern abend hat sich jemand einen Scherz erlaubt – Mr. Groat war sehr böse.«

Sie legte Messer und Gabel hin, lehnte sich zurück und sagte kühl:

»Ich verstehe Sie nicht, Jackson – was für ein Scherz war es?«

»Es war jemand im Hause. Es ist merkwürdig, daß Mr. Groat nichts gehört hat. Wahrscheinlich war er gerade sehr vertieft, er arbeitete nämlich im Laboratorium. Ich dachte, Sie hätten gehört, wie er nachher das ganze Haus durchsuchte?«

»Nein. Woher weiß man denn, daß ein Fremder im Hause war?«

»Weil er ein Zeichen zurückgelassen hat. Sie kennen doch die weiße Tür, die zum Laboratorium führt? Nun, als Mr. Groat um halb drei Uhr morgens herauskam, drehte er im Gang das Licht an und sah einen Farbfleck an der Tür. Als er näher ging, erkannte er den Abdruck einer blauen Hand. Ich habe schon den ganzen Morgen daran gerieben, um die Farbe wegzubekommen, aber sie ist schon eingetrocknet und hat sich in die Ritzen und Sprünge festgefressen.«

»Der Abdruck einer blauen Hand?« wiederholte Eunice und fühlte, daß sie blaß wurde. »Was hat das zu bedeuten?«

»Wenn ich das wüßte! Auch Mr. Groat hat keine Ahnung. Die Zeichnung der Hand war genau und scharf. Zuerst dachte ich, daß eins der Dienstmädchen es getan hätte, aus Rache, dem einen ist nämlich gekündigt worden. Aber es ist ausgeschlossen, die Dienstbotenzimmer liegen im Hinterhaus, und die Verbindungstür ist nachts verschlossen.«

Sollte die geheimnisvolle Fremde also nicht nur sie, Eunice, sondern auch Digby Groat gewarnt haben?

Sie war mit dem Frühstück fast fertig, als Digby erschien. Er sah müde und abgespannt aus. Als er Platz nahm, blickte er Eunice prüfend von der Seite an.

»Es tut mir leid, daß Sie schon fertig sind, Miss Weldon! – Hat Jackson Ihnen gesagt, was in der Nacht passiert ist?«

»Ja – haben Sie eine Ahnung, was es bedeuten könnte?«

»Nein, aber es bedeutet Unannehmlichkeiten für den Täter, wenn ich ihn erwische.«

Dann erkundigte er sich, wie es seiner Mutter heute morgen ginge. Da Eunice immer morgens, wenn sie herunterkam, nach dem Befinden von Mrs. Groat fragte, konnte sie ihm mitteilen, daß es ihr besser gehe und sie eine gute Nacht gehabt habe.

»Und wie haben Sie geschlafen, Miss Weldon?« fragte er.

»Ausgezeichnet«, log sie.

»Haben Sie meine Pralinen versucht?«

»Sie sind ausgezeichnet.«

Der nächtliche Vorfall mußte Digby doch ziemlich beunruhigt haben. Als sie ihn zufällig an diesem Morgen noch einmal sah, fand sie ihn sehr nervös. Sie brachte ihm eine Rechnung, die sie noch zwischen anderen Papieren gefunden hatte, und war überrascht, daß er mit sich selbst sprach.

Am Nachmittag fuhr Digby zu einem Empfang bei Lord Waltham, den dieser zu Ehren eines ausländischen Diplomaten gab, der England einen Besuch abstattete. Digby pflegte geschickt die Beziehungen zu Lord Waltham, der einer der fünf großen Finanzmänner der City war. Es ging Digby Groat darum, ein Syndikat zu bilden, das die großen Güter der Dantons aufkaufen sollte, über die er in kurzer Zeit verfügen würde.

Es gab viele Damen in dieser glänzenden Gesellschaft, die gern seine Bekanntschaft gemacht hätten. Man wußte, daß er Anwärter auf ein großes Vermögen war. Digby jedoch wich den Damen aus. Die Mädchen seines Kreises schienen wenig Anziehungskraft für ihn zu haben. Seine Freunde erzählten, wenn sie unter sich waren, Geschichten von ihm, die nicht gerade ehrenvoll für ihn waren. Man wußte von allerhand Abenteuern zu berichten, meist von schmutzigen Affären.

»Wie geht es Ihrer Mutter, Groat?« fragte Lord Waltham an diesem Nachmittag.

»Ich danke für Ihre Nachfrage, sie ist schon auf dem Weg der Besserung.« Er wäre einer Unterhaltung über seine Mutter gerne ausgewichen.

Lord Waltham runzelte die Stirn.

»Ich kann eigentlich nicht verstehen, warum sie sich in den letzten Jahren so verändert hat. Sie sah vorher so schön und jugendlich aus und war eine der lebhaftesten Frauen, denen ich begegnete. Aber plötzlich ging ihr aller Lebensmut, jede Lebensfreude verloren, und – verzeihen Sie, wenn ich diesen Ausdruck gebrauche – sie alterte zusehends.«

»Auch mir ist es nicht entgangen«, erwiderte Digby, »aber Frauen ihres Alters verfallen oft rasch.«

»Ich dachte, es wäre noch ein besonderer Grund vorhanden – aber ich vergesse immer, daß Sie ja Arzt sind!«

Digby verabschiedete sich bald. Er entschuldigte sich damit, daß er noch unaufschiebbare Versuche in seinem Laboratorium ausführen müsse. Als er in seinen Wagen stieg, lachte er in sich hinein. Was hätte wohl Lord Waltham gesagt, wenn er ihm die wirklichen Gründe auseinandergesetzt hätte, die für den körperlichen Verfall seiner Mutter verantwortlich waren. Er selbst hatte es nur zufällig herausgebracht. Sie war dem Morphium verfallen.

Als er es entdeckt hatte, leitete er sofort energisch eine Entziehungskur ein, nicht weil er sie liebte, sondern weil ihn Experimente interessierten. Er fand heraus, woher sie das Gift bezog, und mit der Zeit entfernte er immer mehr von dem narkotischen Stoff aus den Pillen, bis er ihn schließlich völlig durch unschädliche Beigaben ersetzte.

Das Resultat für die alte Frau war verheerend. Sie welkte plötzlich dahin, und Digby, den sie bis dahin völlig beherrscht hatte, wurde zu seinem Erstaunen Herr über sie. Er zog auch sofort Vorteile aus der neuen Lage. Tag und Nacht ließ er sie beobachten, damit sie sich nicht anderswoher Morphium beschaffen konnte, denn seitdem es ihr ferngehalten wurde, war ihre Energie zerstört, und sie fügte sich sklavisch dem Willen ihres Sohnes.

13

Mr. Septimus Salter war noch nicht da, und Jim erwartete ihn ungeduldig, denn er hatte seinem Chef viel zu berichten.

Der Rechtsanwalt hatte wieder einen seiner Gichtanfälle gehabt und war gereizt, als er endlich ins Büro kam. Jims Bericht über den Vorfall mit der blauen Hand machte nicht den gewünschten Eindruck auf ihn.

»Ich kann mich nicht erinnern, daß eine blaue Hand irgendwann einmal eine Rolle gespielt hätte. Ob nun eine Frau oder ein Mann das Zeichen verwendet – Sie sagen ja selbst, daß die Abdrücke mit einem Gummistempel angebracht werden. Was wollen Sie also daraus schließen? An Ihrer Stelle würde ich der Sache keine Bedeutung beilegen. – Übrigens, Sie erwähnten vorhin, daß Mrs. Groat ein neues Testament gemacht habe. Was wissen Sie davon? Sie hat doch ihr erstes Testament hier bei mir unterzeichnet. Und in diesem zweiten Testament soll sie ihren Sohn enterbt haben? Merkwürdig ... Ich ahnte immer, daß zwischen den beiden keine große Zuneigung besteht. Wem hat sie denn jetzt ihr Vermögen vermacht?«

»Dem Marqués von Estremeda.«

»Der Name ist mir bekannt. Ein reicher spanischer Grande, der einige Jahre bei der spanischen Gesandtschaft in London Attaché war. Vielleicht hat er bei den Dantons verkehrt. Meiner Meinung nach hat sie jedoch keine Veranlassung, ihr Vermögen einem Manne zu vermachen, dem fast eine halbe Provinz gehört und der drei oder vier große Schlösser in Spanien besitzt. Die Sache kommt mir nun wirklich auch seltsam vor.«

Jim erzählte auch von den Pralinen.

»Ich lasse die Schokolade von einem Chemiker untersuchen.«

»Erwarten Sie etwa, daß sie vergiftet ist?« Mr. Salter lächelte. »Wir leben nicht mehr in den Tagen Cesare Borgias. Wenn Digby auch einen gemeinen Charakter hat, ich glaube nicht, daß er ein Mörder ist.«

»Trotzdem will ich nichts dem Zufall überlassen. Meiner Ansicht nach ist mit diesen unschuldig aussehenden Pralinen etwas nicht in Ordnung. Und der mögliche Zusammenhang mit der blauen Hand, etwa als Warnung, ist doch recht auffallend.«

»Ach, das ist doch Unsinn!« fuhr der Rechtsanwalt auf. »Gehen Sie jetzt, ich habe schon wieder viel zuviel Zeit mit dieser niederträchtigen Angelegenheit versäumt!«

Als erstes suchte Jim ein chemisches Laboratorium in der Wigmore Street auf und brachte sein Anliegen vor.

»Was könnte mit der Schokolade geschehen sein?« Der Chemiker wog zwei Pralinen in der flachen Hand.

»Ich weiß es nicht, aber ich würde mich nicht wundern, wenn Sie etwas darin fänden.«

»Kommen Sie heute nachmittag zwischen drei und vier Uhr wieder vorbei, dann kann ich Ihnen den Befund geben.«

Als Jim am Nachmittag wieder erschien, sah er drei Reagenzgläser in einem Ständer auf dem Labortisch.

»Nehmen Sie Platz«, begann der Chemiker. »Die Analyse war sehr schwierig, aber wie Sie richtig vermuteten, fanden sich Beimengen in der Schokolade, die nicht hineingehören.«

»Doch nicht Gift?« fragte Jim erschrocken.

»Ja – nur vom rein chemischen Standpunkt aus. Wenn Sie so wollen, ist fast in jeder Sache Gift enthalten. Aber Sie können tausend dieser Pralinen essen, ohne daran zu sterben. Ich fand Spuren von Hyacin und einer anderen Droge, die aus indischem Hanf destilliert wird.«

»Sie meinen Haschisch?«

»Ja, wenn es geraucht wird, nennt man es Haschisch. Als Extrakt aus der Pflanze gezogen, haben wir dafür einen anderen Namen. Wenn die Droge in großen Mengen genossen wird, verursacht sie Bewußtlosigkeit und schließlich den Tod. In diesen Pralinen jedoch ist kein genügend großes Quantum enthalten, um solche Folgen zu zeitigen.«

»Welche Wirkungen haben aber kleinere Mengen?«

»Neuere Versuche haben gezeigt, daß durch dauernden Genuß kleiner Mengen Energie und Willenskraft zerstört werden. Um es genauer zu sagen – es werden gewisse Hemmungen beseitigt. Sie wissen wahrscheinlich, daß in England vor der Hinrichtung nervöser und erregbarer Menschen kleine Quantitäten dieser Droge ins Essen gemischt werden, was den Willen der Verurteilten so weit schwächt, daß ihnen selbst die Aussicht auf den nahen Tod keinen großen Eindruck mehr macht.«

Jim wurde blaß, als er den gemeinen Plan erkannte.

»Welchen Einfluß würde diese Droge auf ein energisches junges Mädchen haben, das, sagen wir einmal, von einem Mann, den es nicht leiden kann, mit Liebesanträgen verfolgt wird?«

»Vermutlich wird sich die Abneigung in Apathie verwandeln. Der Widerstand wird nicht sofort, aber allmählich verschwinden. Die Droge kann auch einen starken Charakter mit der Zeit schwächen.«

»Ich verstehe«, sagte Jim ruhig. »Sagen Sie mir bitte, ob es möglich ist, eine Person, die einem jungen Mädchen solche Süßigkeiten schenkt, vor Gericht zu stellen und zur Verurteilung zu bringen?«

»Das glaube ich nicht. Wie ich schon sagte, sind die Mengen verschwindend klein, ich habe mit meiner Untersuchungsmethode nur Spuren davon gefunden. Ich vermute aber, daß bei Wiederholungen dieses Geschenkes die Beimengungen von Woche zu Woche gesteigert würden. Wenn Sie mir nach drei Wochen wieder Pralinen oder etwas anderes Verdächtiges bringen, kann ich Ihnen vielleicht schon genauere mengenmäßige Angaben machen.«

»Enthielten alle Pralinen gleich viel von dem Stoff?«

»Ja, die Beimengung muß sehr geschickt ausgeführt worden sein. Die Schokolade ist in keiner Weise verfärbt. Dazu ist nur ein Chemiker oder ein Arzt, der besondere Erfahrung darin hat, imstande.«

Jim antwortete nichts. Er verabschiedete sich und ging noch ein wenig im Hyde Park spazieren, denn er wollte allein sein, um über alles ungestört nachdenken zu können. Für heute abend war er ja mit Eunice zum Essen verabredet. Der Gedanke, daß sie noch länger in Groats Haus ausharren mußte, quälte ihn.

## 14

Jim hatte Eunice noch nie im Abendkleid gesehen. Sie trug ein verhältnismäßig einfaches Kleid aus heller Seide, das ihre schlanke Gestalt unterstrich und das Gesicht noch zarter erscheinen ließ. Er war hingerissen.

»Nun«, fragte sie, als sie neben ihm im Wagen saß und sie den Piccadilly entlangfuhren, »wie gefalle ich Ihnen?«

»Sie sind wunderbar!« Er saß steif neben ihr und wagte nicht, sich zu bewegen. »Ich habe fast Angst vor Ihnen, Eunice!«

»Jim!« Sie lachte und legte ihren Arm in den seinen. Es befriedigte sie, daß sie einen so großen Eindruck auf ihn machte.

»Ich muß Sie sehr viel fragen«, sagte sie, als sie in einer Ecke des großen Speisesaals im Ritz-Carlton-Hotel Platz genommen hatten. »Es war eigentlich verrückt von mir, daß ich Ihnen die Schokolade geschickt habe. Sie haben mich mit Ihrem Verdacht angesteckt, Jim.«

»Ich habe mich sehr über Ihren Brief gefreut. Die Schokolade . . .« Er zögerte.

»Nun?«

»Ich würde an Ihrer Stelle Mr. Groat sagen, daß die Pralinen ganz vorzüglich sind – und wenn er Ihnen die nächste Bonbonniere schenkt, müssen Sie mir unbedingt drei oder vier Stück davon schicken.«

Sie war bestürzt.

»Ist etwas darin entdeckt worden?«

Die Frage war ihm sehr unangenehm. Er wollte sie mit dem, was ihm der Chemiker mitgeteilt hatte, nicht belasten und ängstigen, andererseits aber durfte er sie auch keiner Gefahr aussetzen.

Sie spürte genau, daß er ihr nicht alles sagen wollte, und drang nicht weiter in ihn. Außerdem brannte sie darauf, ihm von ihren Erlebnissen mit der blauen Hand zu erzählen.

Jim hörte aufmerksam zu, als ihm Eunice von den geheimnisvollen Vorfällen der letzten Nacht berichtete. Als sie damit zu Ende war, legte er seine Hand auf die ihre. Sie machte keinen Versuch, sie zurückzuziehen, bis der Kellner erschien, und auch dann nahm sie sie nur zögernd weg.

»Ich werde noch einen Monat bei Mrs. Groat bleiben und will dann ins Fotoatelier zurück – das heißt, wenn man mich dort wieder haben will!«

»Ich weiß jemand, der Sie noch viel dringender haben möchte als der Fotograf...«

»Wer ist dieser Jemand?« fragte sie leise.

»Jemand, der nicht um Ihre Hand bitten kann, bis er Ihnen mehr anbieten kann als die dürftige Wohnung neben dem Eisenbahngeleise.«

Er schwieg, denn er hatte mehr gesagt, als er im Grunde zu sagen gewagt hatte. Auch sie sagte lange nichts, und er glaubte schon, er hätte sie beleidigt. Sie wurde abwechselnd blaß und rot und atmete schneller als gewöhnlich.

»Jim«, begann sie nach einer Weile, ohne ihn anzusehen, »ich würde mich auch in einer einfachen Wohnung wohl fühlen, und ich würde selbst die Eisenbahnschienen in Kauf nehmen!« Sie hob den Kopf, und er sah, daß ein paar Tränen in ihren Augen schimmerten. »Wenn Sie sich nicht sehr in acht nehmen, Jim Steele«, sagte sie mit einem Anflug von Spott, »dann mache ich Ihnen noch einen Heiratsantrag!«

Er war wie betäubt und konnte nicht sprechen. Völlig verwirrt kramte er nach den Zigaretten.

»Darf ich mir eine anzünden?« fragte er aufgeregt.

Auf der Heimfahrt wünschte sie sich, daß er sie in die Arme geschlossen hätte. Wenn er sie jetzt gebeten hätte, mit ihm davonzulaufen oder die größte Torheit zu begehen, sie würde freudig zugestimmt haben.

Aber er saß ruhig an ihrer Seite, hielt nur ihre Hand in der seinen und träumte von einer goldenen Zukunft.

»Gute Nacht, Jim.« Ihre Stimme klang kühl und ein wenig enttäuscht, als sie die Handschuhe anzog und ihm die Hand gab.

Sie standen vor der breiten Treppe von Mrs. Groats Haus.

»Gute Nacht«, sagte er leise und unsicher.

Sie wäre fast in Tränen ausgebrochen, als sie in ihr Zimmer kam und die Tür hinter sich schloß. Lange schaute sie in den Spiegel – dann schüttelte sie den Kopf.

Währenddem fuhr Jim, in rosige Träume versunken, zu seiner Wohnung. Als der Wagen mit einem Ruck vor seiner Haustür hielt, würde er wohl weitergeträumt haben, wenn ihn der Fahrer nicht unwirsch daran erinnert hätte, daß er noch zu bezahlen habe. Das brachte ihn auf die Erde zurück.

Als er aufschließen wollte, öffnete sich die Tür von innen, eine Dame, ganz in Schwarz, kam heraus. Sie ging an ihm vorbei und eilte zu einem Auto, das einige Schritte von der Haustür entfernt hielt. Wer konnte es sein? Neugierig schaute er ihr nach.

Er vergaß sie gleich wieder, die Verzauberung durch das eben Erlebte war noch zu mächtig. Lange saß er in seinem großen Armsessel, schaute ins Leere und rief sich jede Kleinigkeit des Abends ins Gedächtnis zurück.

Seufzend erhob er sich, warf einen gleichgültigen Blick auf den Tisch. Am Nachmittag hatte er noch alles notiert, was sich auf den ›Fall‹ bezog. Das Notizheft lag auch dort, aber ...

Er hätte darauf schwören können, daß er es offen hatte liegenlassen. Er besaß ein gutes Gedächtnis für kleine Nebenumstände. Das Heft hier war nicht nur geschlossen, sondern lag auch an einer anderen Stelle.

Jeden Morgen kam eine Aufwartefrau, die das Bett machte und die Wohnung reinigte. Sie hatte keinen Schlüssel, er ließ sie selbst herein. Gewöhnlich kam sie, wenn er sich das Frühstück zubereitete.

Er öffnete das Notizheft – zwischen den Seiten, dort wo er zu schreiben aufgehört hatte, lag ein Schlüssel, an den ein kleiner Zettel mit der Aufschrift ›D. G.'s Hauptschlüssel‹ gebunden war.

Jim erkannte die Handschrift; es war die gleiche wie auf der grauen Karte, die Eunice damals gefunden hatte. Das Zeichen der blauen Hand aber fehlte.

Die Dame in Schwarz war also in seiner Wohnung gewesen und hatte ihm den Schlüssel zu Digby Groats Haus in die Hand gespielt!

Er war starr vor Staunen.

## 15

Eunice wachte am nächsten Morgen unzufrieden auf. Erst als sie ganz munter war, sich im Bett aufsetzte und den feinen Tee trank, den ihr das Mädchen gebracht hatte, kam ihr zum Bewußtsein, warum sie sich in dieser Gemütsverfassung befand, und sie lachte über sich selbst.

Ach, so ist das also, Eunice Weldon! Weil der beste junge Mann, den es auf der Welt gibt, zu anständig, zu rücksichtsvoll oder zu furchtsam war, dich zu küssen, bist du böse und enttäuscht! Außerdem ist es unverzeihlich, einem Mann so weit entgegenzukommen und ihm beinah selbst einen Antrag zu machen! Es ist nicht das Benehmen einer Dame. Du hättest auch nicht die einfache Wohnung in der Nähe der Eisenbahnschienen erwähnen dürfen, sondern dich zufriedengeben und warten müssen, bis er von selbst den Teppich vor deinen Füßen entrollt! Ich glaube übrigens nicht, daß er in seinen Zimmern auf nacktem Fußboden geht, er wird hübsche Teppiche haben, und die Aussicht ist sicher auch nicht so übel, wenn nicht gerade die Züge vorbeirasseln. Und – doch genug jetzt, du mußt aufstehen, Eunice Weldon!

Schnell schlüpfte sie aus dem Bett.

Als Digby Groat durch den Gang kam, hörte er sie im Bade singen. Er lächelte vor sich hin. Er hatte dieses Mädchen aus böser Laune ins Haus geholt – nun weckte sie beinah aufrichtige

Gefühle in ihm und wurde ihm täglich unentbehrlicher. Selbst der Umstand, daß er sie heiraten mußte, erschien ihm als kleines Opfer. Sie sollte die Zierde seines Hauses werden!

Jackson sah, wie er lächelnd die Treppe herunterkam.

»Es ist wieder ein Karton Schokolade abgegeben worden«, flüsterte er geheimnisvoll.

»Werfen Sie die Schachtel weg! Oder – geben Sie sie meiner Mutter!«

Jackson starrte ihn an.

»Wollen Sie nicht . . .«

»Stellen Sie nicht so viele neugierige Fragen, Jackson!« unterbrach ihn Digby wütend. »Sie kümmern sich zu sehr um meine Angelegenheiten. Und wenn wir schon dabei sind, merken Sie sich eins – lassen Sie Ihr verfluchtes Grinsen, wenn Sie mit Miss Weldon reden! Benehmen Sie sich so, wie sich ein Diener einer Dame gegenüber zu benehmen hat! Haben Sie mich verstanden?«

»Ich bin kein Diener«, erwiderte der Mann düster.

»Diese Rolle haben Sie aber jetzt zu spielen – und zwar gut.«

»Ich habe die Dame immer respektvoll behandelt . . .«

»Bringen Sie mir die Morgenpost ins Speisezimmer«, befahl Digby kurz.

Eunice kam gleich darauf.

»Guten Morgen, Miss Weldon.« Digby schob ihr einen Stuhl an den Tisch. »Haben Sie sich gestern abend gut amüsiert?«

»Oh, ausgezeichnet.« Sie sprach, um ihn abzulenken, sofort von etwas anderem. Er berührte den gestrigen Abend nicht mehr.

Nach dem Frühstück sprach Digby mit dem Arzt, der von seiner Mutter kam. Er erfuhr, daß sie wiederhergestellt sei, ein Rückfall könne zwar eintreten, sei aber unwahrscheinlich. Er wollte heute morgen unbedingt mit seiner Mutter sprechen.

Sie saß im Rollstuhl am Fenster, zusammengekauert, eine unansehnliche Gestalt. Ihre dunklen Augen starrten abwesend auf das Teppichmuster. Ihre Gedanken beschäftigten sich mit Eunice Weldon. Sie tat es völlig unbeteiligt, ohne irgendein Gefühl für das Mädchen. Wenn Digby sie haben wollte, mochte er sie nehmen. Ihr Schicksal interessierte sie nicht mehr als die Fliege, die an der Fensterscheibe summte. Zwar wäre es besser gewesen, wenn sie überhaupt nicht hier gewesen wäre, die Narbe am Handgelenk – sie war bedeutend größer als ein Halbschillingstück, wahrscheinlich ein Zufall, alles ein ... Hauptsache, wenn Digby sich jetzt mit ihr beschäftigte und sie selbst in Ruhe ließ – wenn er keine Zeit hatte, zu ihr zu kommen, sich um sie zu kümmern. Sie fürchtete sich entsetzlich vor ihm. Sie wußte, daß er sie wie eine Kerze auslöschen, aus dem Weg räumen würde, sobald er es für vorteilhaft hielte. Das Testament – von dem er, wie sie glaubte, nichts wußte –, es würde eine böse Überraschung für ihn sein. Schade, daß sie nicht dabeisein konnte – seine ohnmächtige Wut ...

Die Tür wurde einen Spalt geöffnet, jemand unterhielt sich mit der Krankenschwester im Flüsterton, dann trat Digby ins Zimmer.

»Wie geht es dir heute, Mutter?« fragte er liebenswürdig.

»Sehr gut, mein Junge, es geht mir wirklich gut ...« Ihre Stimme zitterte. »Willst du nicht Platz nehmen?« Sie sah sich ängstlich nach der Krankenschwester um, aber sie hatte das Zimmer schon verlassen. »Würdest du die Pflegerin rufen? Ich brauche sie, mein Junge.«

»Das kann warten«, antwortete er kalt. »Ich muß noch einiges mit dir besprechen, bevor sie zurückkommt. Zuerst möchte ich wissen, warum du ein Testament zugunsten Estremedas gemacht und mich mit lumpigen zwanzigtausend Pfund abgefunden hast?«

Sie brach unter diesem Schlag beinah zusammen und wimmerte kläglich.

»Ein Testament, mein Junge? Mein Gott, wovon sprichst du?«

»Von dem Testament, das du gemacht und in deinem Geheimfach versteckt hast. Sage mir jetzt bloß nicht, daß es ein Scherz war oder daß du nicht bei Verstand warst, als du es tatest. Ich will die Wahrheit hören!«

»Ich habe das Testament schon vor vielen Jahren gemacht – ich dachte damals, daß mein ganzes Vermögen nicht mehr als zwanzigtausend Pfund betrage ...«

»Du lügst! Du hast das Testament gemacht, um dich an mir zu rächen.«

Bleich vor Schrecken und Angst sah sie ihn an.

»Ich habe es verbrannt«, fuhr Digby fort. »Und wenn du Miss Weldon siehst, die dabei war, als ich es vernichtete, wünsche ich, daß du ihr erzählst, das Testament sei gemacht worden, als du nicht ganz richtig im Kopf warst!«

Mrs. Groat konnte nicht sprechen, ihr Unterkiefer zitterte, sie dachte nur daran, wie sie die Aufmerksamkeit der Krankenpflegerin auf sich lenken könnte.

»Stell meinen Stuhl ans Bett, Digby«, bat sie schwach, »das Licht ist hier zu grell.«

Er zögerte erst, aber dann erfüllte er ihren Wunsch. Als er sie nach der Klingel tasten sah, die am Bett angebracht war, lachte er spöttisch.

»Du kannst deine verdammte Krankenschwester ja nicht ewig hier festhalten! Aber keine Angst, es geschieht dir nichts! Denk jetzt lieber daran, was ich dir gesagt habe, und tu, was ich wünsche – in ein paar Minuten schicke ich Miss Weldon unter dem Vorwand zu dir, daß du ihr Aufträge geben willst und daß sie einige Briefe für dich zu beantworten hat. Hast du mich verstanden?«

Als Eunice ins Krankenzimmer kam, fand sie Mrs. Groat unruhig und schlecht aussehend. Gehässige Blicke trafen sie, als sie an den Rollstuhl herantrat.

Die alte Frau vermutete, daß Eunice das Testament gefunden hatte, und haßte sie deshalb. Nur die Furcht vor ihrem Sohn war noch größer. Sie übergab ihr einige Briefe, die zu beantworten waren, und als Eunice das Zimmer verlasssen wollte, hielt sie sie zurück.

»Nehmen Sie Platz, Miss Weldon – ich will noch ein paar Worte mit Ihnen über das Testament sprechen, das Sie gefunden haben. Es ist gut, daß Sie es entdeckten, denn ich hatte vergessen, daß ich es aufsetzte. Sehen Sie, mein Fräulein, manchmal leide ich an einer merkwürdigen Gedächtnisschwäche, und – und – dieses Testament habe ich aufgesetzt, als ich einen solchen Anfall . . .« Sie sprach stockend und abgerissen.

»Ich verstehe Sie vollkommen, Mrs. Groat«, sprang ihr Eunice bei, »Ihr Sohn hat mir schon alles erklärt.«

»So, hat er das?« Sie sah zum Fenster hinaus. Eunice wartete, daß sie das Zimmer verlassen könnte. Unvermutet fragte Mrs. Groat:

»Sind Sie mit meinem Sohn sehr befreundet?«

»Nicht besonders, Mrs. Groat.«

»Nun, dann wird es bestimmt noch kommen ...« Sie sagte das mit einer so hämischen, niederträchtigen Betonung, daß Eunice erstarrte.

16

Jim liebte London. Er liebte auch New York, die Stadt aus Stahl und Beton, in der sentimentale Menschen lebten, die wie Tyrannen aussahen. Nichts konnte mit dem Leben in New York verglichen werden. Aber London blieb London, es war schön und verkörperte für ihn die Geschichte der Welt, das Symbol der Zivilisation.

Er machte einen Umweg und ging durch Covent Garden. Er hätte den ganzen Morgen hier zubringen können, aber er mußte ins Büro.

»Haben Sie Nachforschungen nach der Firma Selenger angestellt?« war die erste Frage Mr. Salters.

Jim mußte zugeben, daß er es vergessen hatte.

»Es wäre sehr wichtig, wenn Sie wüßten, wer die Leute sind. Unter Umständen werden Sie entdecken, daß Digby Groat oder seine Mutter dahinterstecken. Schließlich gehörte das Gebäude früher Jonathan Danton. Nun gut – jedenfalls können wir uns nicht auf Vermutungen verlassen!«

Jim stimmte ihm bei. In letzter Zeit war aber so viel passiert, daß er einfach nicht mehr daran gedacht hatte.

»Je länger ich über den Fall nachdenke, um so nutzloser kommen mir meine Nachforschungen vor, Mr. Salter, und selbst wenn ich Lady Mary finden sollte – Sie sagen ja selbst, daß ich auch dann den Groats das Vermögen noch lange nicht abjagen könnte!«

Mr. Septimus Salter antwortete nicht sofort. Er hatte sich ja eigentlich gar nicht mehr auf die Geschichte einlassen wollen. Doch – Theorien waren keine Tatsachen, und er konnte sich der Einsicht nicht verschließen, daß man der endgültigen Lösung vieler Geheimnisse um ein gutes Stück näherkommen würde, wenn erst einmal das Verschwinden Lady Marys aufgeklärt wäre.

»Also, kümmern Sie sich um die Firma Selenger!« rief Salter schließlich. »Vielleicht finden Sie heraus, daß Ihre Nachforschungen doppelt nützlich sind, sowohl um Lady Mary aufzufinden als auch um die Identität Ihrer jungen Freundin festzustellen. Verderben können Sie jedenfalls nichts, wenn Sie es versuchen!«

## 17

Eunice hörte um zwölf Uhr nachts einen Wagen vor dem Haus halten. Sie war noch nicht zu Bett gegangen, darum sah sie vom Balkon aus nach, wer es war. Sie erkannte Digby Groat, der eben die Stufen zur Haustür emporstieg.

Sie schloß die Tür wieder und zog die Vorhänge vor. Da sie noch nicht müde war, kramte sie noch in ihren Sachen und räumte ein wenig auf. Dann stand sie unschlüssig da, in irgendeine Überlegung vertieft, als sie draußen ein Geräusch hörte. Jemand schlich leise über den Steinboden des Balkons, sie täuschte sich nicht. Schnell drehte sie das Licht aus, trat ans Fenster, zog geräuschlos die Vorhänge zurück und horchte. Wieder hörte sie Schritte. Sie fürchtete sich nicht, nur die Gewißheit, jetzt gleich eine wichtige Entdeckung zu machen, erregte sie. Mit einem Ruck riß sie die Balkontür auf und trat hinaus. Zunächst konnte sie nichts erkennen, erst als sich ihre Augen an die Dunkelheit gewöhnt hatten, sah sie eine Gestalt, die an der Wand lehnte.

»Wer ist da?« rief sie.

Erst nach einer Weile kam Antwort.

»Es tut mir furchtbar leid, daß ich Sie erschreckt habe, Eunice!«

Es war Jim Steele.

»Jim!« rief sie ungläubig. Aber dann packten Sie Ärger und Empörung. Es war also immer Jim gewesen und nicht die schwarze Dame! Jim, der seine Verdächtigungen durch diese gemeinen Tricks untermauern wollte. Sie fühlte sich betrogen und enttäuscht. Sein Erstaunen über die nächtlichen Besuche, das er ihr vorgeheuchelt hatte, kam ihr in den Sinn. Die ganze Zeit also hatte er sie zum besten gehalten!

»Es wäre besser, wenn Sie sich jetzt entfernten«, sagte sie kühl.

»Lassen Sie mich Ihnen erklären, Eunice...«

»Es ist keine Erklärung nötig, Jim – Sie spielen eine jämmerliche Rolle!«

Sie ging ins Zimmer zurück. Ihr Herz klopfte wild, ihr war ganz elend vor Verzweiflung. Jim – der Mann mit der blauen Hand! Wahrscheinlich hatte er auch den Brief geschrieben und war damals nachts in ihrem Zimmer gewesen. Sie stampfte vor Ärger mit dem Fuß auf. Sie haßte ihn, weil er sie hintergangen, und sie haßte ihn noch mehr, weil er das Bild von ihm in ihrem Herzen zerstört hatte. Noch nie in ihrem Leben hatte sie sich so verraten gefühlt. Sie warf sich aufs Bett und weinte, bis sie vor Erschöpfung einschlief.

Jim verließ das Haus auf dem gleichen Weg, auf dem er es betreten hatte.

»Verdammt!« sagte er zu sich selbst, als er in seinen alten Wagen stieg. In gefährlichem Tempo bog er um eine Ecke und wäre beinahe in ein anderes Auto hineingerast. Für seine Neugier und Unüberlegtheit hätte er sich am liebsten selbst geohrfeigt. Warum auch mußte er den Schlüssel, den ihm die Dame zugespielt hatte, gleich ausprobieren? Er war nur auf den Balkon gegangen, um die Fensterverschlüsse zu prüfen. Er fühlte sich äußerst unglücklich und hätte gerne mit einem Menschen gesprochen, sein Herz ausgeschüttet, aber er kannte niemand, dem er vertraut hätte. niemand – außer vielleicht Mrs. Fane. Diese schöne, traurige Frau hatte ihn sehr beeindruckt, und er mußte oft an sie denken. Was aber würde sie wohl sagen, wenn er sie um diese nächtliche Stunde stören wollte, nur um ihr seinen Kummer anzuvertrauen? Er lächelte über sich selbst bei dem Gedanken, und es wurde ihm ein wenig leichter zumute.

Kurz vor der Baker Street verlangsamte er sein Tempo und

kehrte wieder um, da er sich an die Firma Selenger erinnerte. Um diese Zeit hatte er mit einem Besuch wahrscheinlich mehr Glück als am Tag.

Der Portier hatte ihm neulich von einem Seiteneingang erzählt, den nur die Inhaber der Firma benützten. Nach einigem Suchen fand er auch eine Tür, die zu seiner Überraschung unverschlossen war. Er hörte den gleichmäßigen Schritt eines Polizisten, der die Straße entlangkam. Da er nicht zu nächtlicher Stunde vor fremden Türen erwischt werden wollte, trat er rasch ein und wartete, bis der Polizist vorüber war. Dann nahm er seine Taschenlampe zu Hilfe und gelangte über den Hof an eine Tür, die ins Gebäude führte. Sie war verschlossen. Aber es mußte noch einen anderen Eingang geben. Er begann zu suchen. An allen Fenstern nach dem Hof waren die Läden geschlossen.

Nachdem er zwei Hauswände abgesucht hatte, kam er an eine weitere Tür. Er drückte auf die Klinke, sie gab nach. Er befand sich nun auf einem breiten Gang und entdeckte nach wenigen Schritten eine grüne Tür. Sie war nicht verschlossen, und als er langsam öffnete, flutete ihm helles Licht entgegen. Er öffnete sie weiter und trat ein. Außer einem Tisch und einem Stuhl gab es keine Möbel in dem Zimmer. Doch nicht der Raum und seine Möblierung setzten ihn in Erstaunen – eine Frau, ganz in Schwarz gekleidet, war, gerade als er eintrat, im Begriff, in das angrenzende Büro hinüberzugehen. Sie hörte die Tür gehen, wandte sich schnell um und zog einen Schleier über ihr Gesicht. Aber sie hatte etwas zu lange gezögert, und Jim erkannte zu seiner größten Verwunderung – Mrs. Fane!

»Wer sind Sie, was wünschen Sie?« Ihre Hand sank herab. »Ach, Mr. Steele!«

»Es tut mir leid, daß ich Sie störe.« Jim schloß die Tür. »Ich möchte Sie dringend sprechen.«

»Nehmen Sie bitte Platz. Haben Sie mein – mein Gesicht gesehen?«

»Ja, ich kenne Sie – Sie sind Mrs. Fane.«

Langsam hob sie die Hand und nahm den Schleier ab.

»Ja, ich bin Mrs. Fane. Sie denken jetzt vielleicht, daß ich Sie getäuscht habe. Aber ich habe Gründe, schwerwiegende Gründe, warum ich mich tagsüber nicht sehen lasse. Ich wünsche nicht erkannt zu werden als die Frau, die nachts ausgeht!«

»Dann waren Sie es, die den Schlüssel bei mir zurückließ?«

Sie sah ihn an.

»Ich fürchte, ich kann Ihnen nicht viel sagen. Ich bin in diesem Augenblick nicht darauf vorbereitet, Auskünfte zu geben. Es ist überhaupt nicht viel, was ich Ihnen sagen könnte.«

Vor wenigen Minuten noch hatte er gewünscht, ihr seinen Kummer anvertrauen zu können. Nun kam es ihm völlig unwirklich vor, um Mitternacht in einem prosaischen Büro tatsächlich mit ihr zu sprechen. Er schaute auf ihre zarten, weißen Hände. Sie erriet seine Gedanken.

»Sie denken an die blaue Hand?«

»Ja.«

»Vielleicht glauben Sie, daß es nur eine Schikane ist, daß diese Hand keine Bedeutung hat?«

»Nein, ich denke das nicht. Ich halte es für ein Symbol.«

»Sie sind gekommen, weil Sie aus Südafrika die Nachricht erhielten, daß ich Nachforschungen nach dem Mädchen angestellt habe...« Sie brach ab, nahm den alten Gedanken wieder auf. »Vielleicht hat sie meine Warnungen nicht ernst genommen – ich mußte sie in einer Weise verständigen, die Eindruck auf sie machte. Es sollte ihr kein Unglück zustoßen.«

»Ich verstehe nur eines nicht, Mrs. Fane – Sie mußten doch damit rechnen, daß Eunice diesem Digby Groat von der Warnung erzählt. Und außerdem...« Jim erinnerte sich an das Zeichen der blauen Hand an der Tür des Laboratoriums.

»Ja, aber er versteht die Bedeutung nicht.«

»Haben Sie einen Grund, warum Sie sie beschützen möchten?«

»Vor einem Monat glaubte ich es noch. Ich vermutete, daß sie jemand sei, den ich seit langer Zeit suche. Ein Zufall und eine flüchtige Ähnlichkeit führten mich auf ihre Spur. Aber sie war nur ein Schatten, wie alle die anderen, denen ich nachjagte. Sie interessierte mich – ihre Schönheit, ihre Unbefangenheit, ihr kindliches Gemüt und ihr guter Charakter haben mich beeindruckt. Jetzt weiß ich, daß sie nicht die ist, die ich suche. – Sie interessieren sich sehr für sie, Mr. Steele?«

»O ja, ich interessiere mich stark für sie.«

»Lieben Sie Eunice?«

Er sah in ihr Gesicht, das sich beim Sprechen gerötet hatte.

»Ich bin am Ende meiner vielen Nachforschungen«, fuhr sie traurig fort. »Und wenn erst Digby Groat und seine Mutter zur Verantwortung gezogen sind, habe ich meine Aufgabe erfüllt. Dreiundvierzig Jahre – umsonst! Eine armselige Kindheit, eine trostlose Ehe – ich habe alles verloren, meinen Mann, mein Kind ...«

»Großer Gott«, sagte Jim plötzlich, »dann sind Sie ...«

»Ich bin Lady Mary Danton – ich dachte, Sie hätten es schon längst vermutet.«

Er erschrak.

»Lady Mary Danton!«

»Sie hatten sich doch zum Ziel gesetzt, Lady Mary zu finden? Sind Sie nun enttäuscht?«

Er antwortete nicht. Er konnte ihr nicht sagen, daß er eigentlich ihr Kind gesucht hatte.

»Wissen Sie auch, daß ich Sie eine Zeitlang jeden Tag gesehen habe, Mr. Steele? Ich habe in der Untergrundbahn an Ihrer Seite gesessen, im Lift neben Ihnen gestanden – ich habe Sie überwacht, Ihren Charakter studiert. Prüfen auch Sie sich wegen Eunice ...«

»Ich liebe Eunice.«

»Ich dachte es.«

»Lady Mary, haben Sie die Hoffnung ganz aufgegeben, Ihre Tochter je wiederzufinden?«

Sie nickte.

»Wenn nun Eunice Ihre Tochter wäre – würden Sie sie mir geben?«

»Ich würde dankbar sein, wenn ich sie Ihnen anvertrauen könnte. Sie sind der einzige Mann, dem ich gern ein Mädchen anvertrauen würde, das ich liebe. Doch Eunice ist nicht mein Kind. Ich habe mich nach ihren Eltern erkundigt. Es besteht kein Zweifel. Sie ist die Tochter eines Musikers aus Südafrika.«

»Haben Sie die Narbe an ihrem Handgelenk gesehen?« Es war seine letzte, schwache Hoffnung.

»Wie sieht sie denn aus?«

»Es ist ein kreisrundes, kleines Brandmal, so groß wie ein Halbschillingstück.«

»Dorothy hatte keine solche Narbe. Glauben Sie mir, Mr. Steele, Ihre Nachforschungen sind vergeblich, genauso wie die meinen. Genug davon – nur eines will ich Ihnen noch erklären. Dieser Gebäudeblock gehört mir. Mein Mann kaufte ihn und schenkte ihn mir in einer großmütigen Anwandlung einen Tag später. Er gehörte also schon mir, als alle Leute noch glaubten, daß er sein Eigentum wäre. Im allgemeinen war er nicht großzügig – reden wir nicht davon, wie er mich behandelte. Von den Einkünften dieses Besitzes konnte ich leben, außerdem besitze ich ein Vermögen, das ich von meinem Vater geerbt habe. Meine Familie war arm, als ich Mr. Danton heiratete; aber kurz danach starb ein Vetter meines Vaters, Lord Pethingham, und mein Vater erbte dessen großes Vermögen. Der größte Teil fiel später an mich.«

»Wer ist Madge Benson?«

»Müssen Sie das wissen? Sie bedient mich.«

»Warum war sie im Gefängnis?«

»Sie müssen mir versprechen, mich nicht über die Vergangenheit auszufragen, bis ich Ihnen selbst davon erzähle, Mr. Steele! Und jetzt können Sie mich nach Hause begleiten.« Sie sah sich im Zimmer um. »Täglich erhalte ich hier Telegramme, die ich beantworten muß. Ein zuverlässiger Sekretär kommt jeden Morgen und bringt meine Telegramme zur Post. Ich habe alle Behörden von Buenos Aires bis Shanghai in Bewegung gesetzt – jetzt bin ich müde, furchtbar müde! Aber ich bin noch nicht zu Ende, ein hartes Stück Arbeit steht noch bevor, Jim ... Ich darf doch Jim sagen, nicht wahr? Selbst Eunice würde nichts dagegen haben!« Sie lachte, als er rot wurde.

Die Frage, warum sie in einer so ärmlichen Wohnung lebte, die obendrein an der Eisenbahn lag, wenn sie doch ein großes Vermögen besaß, unterdrückte er – sie würde ihm doch keine befriedigende Antwort gegeben haben.

An der Wohnungstür verabschiedete er sich von ihr.

»Gute Nacht, Frau Nachbarin!«

»Gute Nacht, Jim.«

Jim warf sich in seinen großen Sessel. Als die ersten Sonnenstrahlen ins Zimmer fielen, durchging er immer noch die Erlebnisse dieser Nacht, reihte sie aneinander, begann wieder von vorne.

Am frühen Morgen brachte ein Bote einen Brief von Eunice. Er seufzte, als er ihre verärgerten Zeilen las:

›Nicht einmal im Traum hätte ich daran gedacht, daß Sie hinter all dem stehen könnten. Das war nicht schön von Ihnen, Jim! Nur um eine Sensation hervorzurufen, haben Sie mich zu Tode erschreckt, als ich die erste Nacht hier verbrachte, und damit ich in Ihre offenen Arme fallen sollte. Mir ist jetzt alles klar. Sie können Mr. Groat nicht leiden, und Sie wollten, daß ich sein Haus wieder verlasse. Deshalb haben Sie dies alles getan. Es ist sehr schwer, Ihnen zu verzeihen, und es wäre besser, wenn Sie nicht wiederkämen, es sei denn, daß ich Ihnen ausdrücklich schreibe.‹

»Verdammt!« Aber das hatte er nun schon ein paarmal gesagt. Es war zum Verzweifeln.

Was konnte er tun? Er begann, Briefe zu schreiben, zerriß sie wieder, es war so schwierig, ihr zu erklären, wie der Schlüssel in seinen Besitz gekommen war, ohne Lady Marys Geheimnis zu verraten. Nun würde er sie noch weniger als je davon überzeugen können, daß Digby Groat ein gewissenloser Schuft war.

## 18

Kaum hatte Eunice den Boten mit dem Brief fortgeschickt, als sie es auch schon bereute. Die bittern Worte, die sie ihm gesagt hatte, fühlte sie in Wirklichkeit gar nicht, vielmehr war sie überzeugt, daß ihn die Liebe zu ihr in diese ausgefallene Rolle verstrickt hatte. Es kam aber noch etwas anderes hinzu, das Zweifel in ihr weckte. Als sie in Digby Groats Bibliothekszimmer kam, fand sie ihn dabei, eine große Fotografie zu studieren.

»Die Aufnahme ist glänzend gelungen, wenn man bedenkt,

bei künstlichem Licht ...« Es war eine vergrößerte Fotografie seiner Laboratoriumstür mit dem Aufdruck der blauen Hand. Der Fotograf hatte tatsächlich eine sehr scharfe Aufnahme zustande gebracht. Man konnte jede Linie, jede Krümmung der Finger erkennen.

»Das ist die Hand einer Frau«, sagte Digby.

»Sind Sie ganz sicher?«

Er sah sie fragend an.

»Natürlich! Beachten Sie doch die Größe – diese Hand wäre viel zu klein für einen Mann.«

Sie hatte also Jim Unrecht getan. Aber warum drang er ins Haus ein, und vor allem, wie war er hineingekommen? Sie konnte sich das Ganze nicht erklären und gab es auf, das Rätsel zu lösen. Nur eins stand fest – sie mußte Jim um Verzeihung bitten. Sobald sie frei war, ging sie zum Telefon, doch Jim war nicht im Büro.

»Wer ist am Apparat?« fragte der Angestellte.

»Das tut nichts zur Sache.« Sie hängte ein.

Den ganzen Tag plagten sie Gewissensbisse. Aber er würde ihr schon wieder schreiben – oder anrufen. Wenn das Telefon läutete, stürzte sie hin und war enttäuscht, wenn sie die Stimme eines Fremden hörte.

Der Tag schien endlos lang. Sie hatte fast gar nichts zu tun. Digby Groat war früh am Morgen ausgegangen und am späten Nachmittag wiedergekommen, er hatte aber nur rasch die Kleider gewechselt, um wieder zu verschwinden.

Sie aß allein zu Abend.

Der Gedanke, daß sie diese Stelle bald aufgeben würde, tröstete sie. Sie hatte schon an ihren alten Chef geschrieben und postwendend Antwort erhalten, daß er sich freue, wenn sie zurückkomme. Dann könnte sie Jim jeden Nachmittag beim Tee sehen, und er würde wieder der alte sein.

Als am Abend die Krankenpflegerin ausging, schickte Mrs. Groat nach Eunice. Wenn sie sie auch haßte, schlimmer noch als die Gesellschaft dieses Mädchens war die Einsamkeit.

»Bleiben Sie bei mir, bis die Pflegerin wiederkommt, Sie können sich ja ein Buch nehmen und lesen.«

Eunice holte im Nebenzimmer ein Buch. Als sie zurückkam, versteckte die alte Frau etwas unter ihrem Kissen. Eine Stunde lang saßen sie schweigend. Mrs. Groat, den Kopf vornübergebeugt, völlig mit sich selbst beschäftigt, spielte mit ihren Fingern. Unvermutet fing sie zu sprechen an.

»Woher haben Sie eigentlich die Narbe am Handgelenk?«

»Ich weiß es nicht. Ich hatte sie schon, als ich ein ganz kleines Kind war. Wahrscheinlich habe ich mich einmal verbrannt.«

Es folgte eine lange Pause.

»Wo sind Sie geboren?«

»In Südafrika.« Um das Schweigen, das wieder entstand, zu unterbrechen, sagte Eunice: »Ich habe eine Miniatur von Ihnen gefunden, Mrs. Groat!«

»Von mir? Ach ja, ich besinne mich. Konnten Sie mich denn darauf erkennen?«

»Ja, so müssen Sie vor vielen Jahren ausgesehen haben. Ich konnte eine gewisse Ähnlichkeit feststellen«, erwiderte Eunice.

»Ja, früher habe ich so ausgesehen.«

»Sie müssen sehr schön gewesen sein.«

»Ja, ich war sehr schön. Aber mein Vater wollte mich in einem todlangweiligen Dorf begraben. Er glaubte, daß ich für die Stadt zu schön sei. Er war ein böser, herzloser Mann, ein Tyrann – das war nicht außergewöhnlich damals, es gab viele davon, als ich jung war. Mein Vater haßte mich von meiner Geburt an, und auch ich haßte ihn. Männer stellten mir nach, Miss Weldon«, sagte die Alte mit sichtlicher Befriedigung und sah Eunice von der Seite an. »Männer, deren Namen in der ganzen Welt bekannt und berühmt waren.«

Eunice blieb still. Was für eine Tragödie sollte da vor ihr aufgerollt werden? Sie fragte sich, ob die Freigebigkeit dem Marqués von Estremeda gegenüber wohl auf ein Liebesverhältnis zwischen den beiden zurückzuführen war.

»Es gab einen Mann, der mich liebte«, fuhr Mrs. Groat fort. »Aber seine Liebe zu mir war nicht groß genug. Ich muß bei ihm verleumdet worden sein, denn er wollte mich heiraten und brach dann plötzlich die Beziehungen zu mir ab. Er nahm ein einfältiges, hübsches Mädchen aus Malaga zur Frau.« Sie lachte leise.

Eigentlich wollte sie Eunice Weldon diese Dinge gar nicht erzählen, aber die Erinnerungen überwältigten sie. »Er war Marqués, ein harter Mann, und nicht sehr liebenswürdig zu mir. Mein Vater hat mir nie verziehen. Und als ich nach Hause zurückkehrte, hat er kein Wort mehr mit mir gesprochen, obwohl er noch zwanzig Jahre lebte.«

Als sie nach Hause zurückkehrte! dachte Eunice. Dann war sie also mit dem Marqués durchgebrannt! Und er hatte sie später im Stich gelassen und das ›einfältige, hübsche Mädchen aus Malaga‹ geheiratet. Allmählich wurden ihr die Zusammenhänge klar.

»Was ist aus dem Mädchen geworden?« fragte sie.

»Sie starb – er behauptete, ich hätte sie getötet.« Mrs. Groat lächelte seltsam, dann flüsterte sie nur noch. »Ich wünschte, ich hätte es nicht getan. Manchmal kommt ihr Geist in dieses Zimmer und schaut mich aus tiefen, schwarzen Augen an. – Als sie hörte, daß mein Kind sein Sohn ...« Sie brach ab und schaute sich verstört um. »Wovon habe ich gesprochen?«

Eunice hatte atemlos zugehört. Nun kannte sie das Geheimnis dieser merkwürdigen Familie. Jim hatte ihr schon von Mr. Groat erzählt, der Jane Danton geheiratet und den sie so tief verachtet hatte. Er war nur ein kleiner Angestellter ihres eigenen Vaters gewesen, den dieser dafür bezahlte, daß er die Tochter heiratete und ihre Schande deckte.

Digby Groat war der Sohn des Marqués von Estremeda!

»Lesen Sie doch weiter!« befahl Mrs. Groat und schielte argwöhnisch zu Eunice hinüber, die sie fassungslos anstarrte. »Was habe ich Ihnen da eben gesagt?«

»Sie haben von Ihrer Jugend gesprochen.«

»Habe ich von einem Mann gesprochen?« fragte die Alte mißtrauisch. Sie hatte alles schon wieder vergessen.

»Nein«, log Eunice.

»Nehmen Sie sich in acht vor meinem Sohn«, sagte Mrs. Groat nach einer Weile. Sie schüttelte den Kopf. »In vieler Beziehung gleicht er seinem Vater.«

»Mr. Groat?« fragte Eunice.

»Groat!« brummte die Alte verächtlich. »Dieser elende Wurm, nein – ja, natürlich Groat. Wer denn sonst?«

Vom Gang hörte man ein Geräusch. Mrs. Groat wandte den Kopf nach der Tür und horchte.

»Sie werden mich doch nicht allein lassen, Miss Weldon, bis die Krankenpflegerin zurückkommt?« flüsterte sie. »Wollen Sie es mir versprechen?«

»Aber gern – ich bin hier, um Ihnen Gesellschaft zu leisten.«

Die Tür ging auf, Mrs. Groat seufzte tief auf, als Digby eintrat. Er war im Gesellschaftsanzug und rauchte eine Zigarette. Er schien überrascht, Eunice zu dieser Stunde hier zu finden.

»Die Schwester ist wohl ausgegangen? Wie fühlst du dich heute, Mutter?«

»Sehr gut, mein Junge!« Sie zitterte. »Wirklich sehr gut. Miss Weldon leistet mir Gesellschaft.«

»Das ist ja glänzend. Hoffentlich hat dich Miss Weldon nicht zu sehr erschreckt.«

»Aber nein«, sagte Eunice ärgerlich. »Wie können Sie annehmen, daß ich Ihre Mutter erschrecke?«

»Ich dachte, Sie hätten ihr vielleicht von unserem geheimnisvollen Besucher erzählt!« Er lachte und rückte sich einen Sessel zurecht. »Du hast doch nichts dagegen, wenn ich rauche, Mutter?«

Jane Groat schüttelte den Kopf und sah Eunice flehend an.

»Ich muß die Frau erwischen«, sagte Digby und blies den Zigarettenrauch zur Decke.

Mrs. Groat senkte den Blick. Sie schien nachzudenken.

»Von welcher Frau sprichst du, mein Junge?«

»Von der Frau, die nachts ums Haus streicht und ihr Zeichen auf meiner Laboratoriumstür zurückläßt.«

»Vielleicht war es ein Einbrecher, Digby?«

»Eine Frau als Einbrecherin? Sie ließ deutlich Fingerabdrücke zurück. Ich habe die Fotografie nach Scotland Yard geschickt, und man hat dort die Fingerabdrücke einer Frau identifiziert, die eine Gefängnisstrafe in Holloway abgesessen hat.«

Durch ein Geräusch aufmerksam geworden, wandte sich Eunice zu Mrs. Groat um. Sie hatte sich aufgerichtet und starrte Digby erregt an. Ihr Gesicht zuckte.

»Was für eine Frau?« fragte sie heiser. »Von wem sprichst du?«

Digby war ebenso erstaunt wie Eunice, was für einen Eindruck die Mitteilung auf seine Mutter gemacht hatte.

»Ich spreche von der Frau, die hier ins Haus kam und uns alle beunruhigte, indem sie ihr Zeichen zurückließ.«

»Was meinst du damit?«

»Sie hat auf meiner Tür den Abdruck einer blauen Hand ...«

Bevor er den Satz beenden konnte, sprang seine Mutter auf und machte einen Schritt.

»Eine blaue Hand – eine blaue Hand!« rief sie entsetzt. »Wie heißt die Frau?«

»Die Polizei hat mir mitgeteilt, daß es sich um eine Madge Benson handelt«, sagte Digby.

Einen Augenblick stand Mrs. Groat steif da.

»Eine blaue Hand – blaue Hand ...« murmelte sie und wäre zusammengebrochen, wenn Eunice nicht gesehen hätte, daß sie ohnmächtig wurde. Schnell eilte sie hin und fing sie auf.

## 19

Im dunklen Gang vor der Tür lauschte gespannt ein Mann. Er war Digby Groat den ganzen Abend gefolgt und hatte nach ihm auch das Haus betreten. Als er Schritte im Zimmer hörte, schlüpfte er in einen Seitengang und wartete. Eunice kam heraus und ging den Gang entlang.

Jim Steele sagte sich, daß es nun höchste Zeit sei, sich aus dem Staub zu machen, denn in den nächsten Minuten würde das ganze Haus alarmiert sein, weil die alte Frau zusammengebrochen war.

Jim hatte einen besonderen Grund gehabt, in dieses Haus einzudringen. Er mußte unter allen Umständen den Inhalt eines Briefes erfahren, den Digby am Abend bekommen hatte. Jim war ihm überallhin gefolgt, ohne eine besondere Beobachtung machen zu können. Aber dann war Digby Groat am Piccadilly ausgestiegen, als wolle er eine Zeitung kaufen – da trat ein Fremder an ihn heran und überreichte ihm schnell einen Brief. Und diesen Brief mußte Jim sehen.

Er kam ungesehen ins Erdgeschoß und zögerte. Sollte er ins Laboratorium verschwinden? Oder ... Von oben hörte er hastige Schritte, entschlossen verschwand er durch die weiße Tür in Digbys Laboratorium. Verstecken konnte er sich hier nicht, das wußte er vom ersten Mal her. Solange niemand kam und Licht machte, war er hier sicher. Er vernahm Schritte und drückte seinen Filzhut tiefer ins Gesicht. Den unteren Teil seines Gesichts hatte er schon mit einem schwarzseidenen Taschentuch bedeckt. Wenn es zum Äußersten kam, mußte er sich einen Weg nach draußen mit Gewalt bahnen und sein Heil in der Flucht suchen. Niemand würde ihn in dem alten, grauen Anzug erkennen.

Sein Herz hämmerte – jetzt kam jemand herein. Er bückte sich unter den Operationstisch, um wenigstens nicht schon im ersten Moment entdeckt zu werden. Gleich darauf war der Raum von hellem Licht durchflutet. Jim konnte nur die Beine des Mannes sehen, wußte aber, daß es Digby Groat war. Er trat nahe an den Tisch heran und riß einen Briefumschlag auf.

»Mr. Groat! Bitte, kommen Sie schnell!«

Eunice rief es aufgeregt von oben herunter. Digby stieß einen ärgerlichen Ruf aus und eilte hinaus. Die Tür blieb offenstehen.

Jim erhob sich rasch, blickte auf den Tisch, der Brief lag darauf, Digby hatte ihn liegenlassen. Blitzschnell steckte ihn Jim ein, schon war er draußen im Gang. Vorn bei der großen Treppe stand Jackson und schaute nach oben. Zuerst sah er Jim nicht, aber dann entdeckte er die unheimliche Gestalt. Er wollte gerade einen Ruf ausstoßen, als ihn Jims Faust traf. Er fiel zu Boden.

»Was ist los?« fragte Digby auf der Treppe, der nicht wußte, was geschehen war. Doch Jim befand sich schon auf der Straße.

Allmählich verlangsamte er seinen Schritt und blieb unter einer Straßenlaterne stehen, um den Brief zu lesen. Der größte Teil hatte keine Bedeutung für ihn, nur eine Zeile war interessant: ›Steele verfolgte Sie, wir wollen ihn heute abend noch stellen!‹ Er las den Satz ein paarmal und ging langsam weiter.

Manchmal schaute er zurück, ob er verfolgt würde, konnte jedoch nichts feststellen. Als er aber über den Portland Place ging, bemerkte er zwei Männer – sie gingen hintereinander, etwa zwanzig Meter von ihm entfernt.

Er überquerte die Marylebone Road und befand sich im einsamsten Teil Londons. Er begann zu laufen, und er war ein guter Läufer, er hatte sowohl für kurze Strecken als auch für den Zweimeilenlauf trainiert. Sie kamen hinter ihm her. Er grinste. Dann hörte er, wie die Tür eines Autos zugeworfen wurde – sie hatten sich also einen Wagen genommen. Das ist wenig sportlich! sagte sich Jim, drehte kurzerhand um und eilte in entgegengesetzter Richtung. Der Wagen hielt an, die beiden veranlaßten den Fahrer, umzukehren. Jim ging nun ganz langsam. Er hatte sich einen Plan zurechtgelegt, der seine Gegner verwirrte, weil er so einfach war. Er ging nämlich langsam, weil er in einiger Entfernung einen Polizisten auf sich zukommen sah. Als das Auto neben ihm anhielt, sprang er schnell zur Tür und riß sie auf.

Im Schein der Wagenbeleuchtung sah er einen alten Bekannten, der sein Kinn rieb.

»Kommen Sie heraus, Jackson, und erklären Sie mir, warum Sie mich in den Straßen dieser friedlichen Stadt verfolgen!«

Jackson folgte der Aufforderung nicht, aber Jim packte ihn an der Weste und zog ihn heraus. Der Fahrer verfolgte den Vorgang interessiert. Der Begleiter war offensichtlich ein Fremder, ein kleiner, dunkler Mann mit schmalem, braunem Gesicht. Beide standen nun verdutzt da.

»Morgen können Sie zu Digby Groat zurückgehen und ihm sagen, daß ich mit genügend Beweismaterial gegen ihn vorgehen, ihn ins Gefängnis und an den Galgen bringen werde, wenn er noch einmal Mitglieder der Bande der Dreizehn hinter mir herschickt. Haben Sie mich verstanden?«

»Ich weiß nicht, wovon Sie da reden«, entgegnete Jackson vorwurfsvoll. »Vielmehr werden wir Sie zur Anzeige bringen, weil Sie uns aus dem Wagen gezerrt haben.«

»Bitte, tun Sie das! Hier kommt gerade ein Polizist.« Jim packte Jackson am Kragen und schleppte ihn zu dem Polizisten, der schon auf die Gruppe aufmerksam geworden war. »Ich glaube, dieser Mann will eine Anzeige gegen mich erstatten!«

»Nein, das will ich nicht!« schrie Jackson. Entsetzt dachte er an Digby, der über diese Wendung nicht erbaut sein würde.

»Auch gut«, erklärte Jim. »Dann bringe ich diesen Mann zur Anzeige. Ich zeige ihn an, weil er Waffen bei sich trägt, ohne einen Erlaubnisschein zu besitzen.«

## 20

Polizeistationen sind unromantisch und langweilig. Digby Groat, der in höchster Wut dorthin kam, um seine Leute zu befreien, war so aufgeregt, daß er nicht einmal die humorvolle Seite der Sache entdeckte.

Wieder draußen, entließ er Antonio Fuentes mit einem schrecklichen Fluch und überhäufte den unglücklichen Jackson mit Vorwürfen.

»Sie elender Tölpel, ich habe Ihnen nur aufgetragen, den Mann nicht außer Sicht zu lassen! Bronson hätte das ausgeführt, ohne daß Steele das geringste gemerkt hätte. Warum haben Sie einen Revolver mitgenommen?«

»Wie konnte ich wissen, daß er sich einen so gemeinen Trick einfallen ließe? Nebenbei bemerkt, ich wußte nicht, daß es verboten ist.«

Digby wußte, daß er in eine unangenehme, ja gefährliche Lage geraten war. Der Vorfall bestätigte nur seine alte Theorie, daß große Pläne durch Kleinigkeiten über den Haufen geworfen werden und geschickt geplante Verbrechen durch erbärmliche Versehen zu Fall kommen. Es war Jim gelungen, auf die lächerlich einfachste Art die Polizei gegen die Bande der Dreizehn in Bewegung zu bringen. Zwei Mitglieder der Bande waren nun mit der Polizei in Berührung gekommen, und das Schlimmste – er selbst damit! Jackson war zwar sein Hausmeister, was das Interesse an ihm einigermaßen rechtfertigte. Fuentes zu kennen hatte er jedoch entschieden in Abrede gestellt, und nur, weil der Spanier ein Freund seines Dieners war, hatte er auch für ihn Bürgschaft geleistet.

Digby verbrachte eine schlaflose Nacht. Er konnte kaum drei Stunden schlafen, und das war das Minimum, das er brauchte. Der herbeigerufene Arzt blieb bis drei Uhr morgens bei seiner Mutter.

»Sie hat keinen Schlaganfall erlitten, der Zusammenbruch wurde durch einen plötzlichen Schrecken verursacht.«

»Da mögen Sie recht haben«, antwortete Digby. »Glauben Sie, daß sie sich wieder erholen wird?«

»Ach ja, es wird ihr schon morgen früh wieder besser gehen.«

Digby hörte zu, ohne sich besonders erfreut zu zeigen.

Seine Schwierigkeiten wuchsen ständig, neue Hindernisse türmten sich ihm entgegen, und wenn er die einzelnen Punkte durchging, kam er immer zum gleichen Resultat – Steele war an allem schuld!

Am nächsten Morgen rief er einen Winkeladvokaten an und übertrug ihm die Verteidigung der beiden Leute. Danach ließ er Eunice rufen.

»Miss Weldon«, begann er, »ich muß verschiedene Änderungen hier im Haushalt vornehmen. Ich möchte meine Mutter nächste Woche aufs Land bringen. Sie braucht eine andere Umgebung, um sich erholen zu können.«

»Ich glaube, daß ich sie nicht dorthin begleiten kann.«

»Wie meinen Sie das, Miss Weldon?«

»Ich habe mich entschlossen, wieder in meine alte Stelle zurückzugehen.«

»Es tut mir leid, das zu hören, Miss Weldon«, sagte er ruhig, »und ich will Ihnen natürlich nichts in den Weg legen. In der letzten Zeit sind hier viele unangenehme Dinge vorgekommen, und Sie haben nicht die besten Erfahrungen gemacht. Ich verstehe vollkommen, wenn Sie Ihre Stellung bei uns aufgeben wollen. Ich hätte allerdings gern gesehen, wenn Sie noch bei meiner Mutter geblieben wären, bis sie sich auf dem Land eingelebt hat. Aber ich will keinen Druck auf Sie ausüben.«

Sie hatte erwartet, daß er ärgerlich würde. Seine Höflichkeit machte deshalb Eindruck auf sie.

»Ich werde Sie natürlich erst verlassen, wenn meine Aufgaben erfüllt sind«, versprach sie, wie er es erwartet hatte. »Auch habe ich mich hier ganz wohl gefühlt, Mr. Groat!«

»Mr. Steele ist mir nicht sehr wohlgesinnt, nicht wahr?« fragte er.

Sie machte ein abweisendes Gesicht.

»Mr. Steele weiß nichts von meinen Plänen. Ich habe ihn in den letzten Tagen überhaupt nicht gesehen.«

Die beiden haben sich also entzweit, dachte Digby. Darüber mußte er Genaueres erfahren, wollte sie aber nicht offen fragen.

Sie war froh, als die Unterredung zu Ende war und sie zu seiner Mutter gerufen wurde.

»Sie sind lange nicht gekommen!« empfing sie Mrs. Groat vorwurfsvoll. Sie lag im Bett, Rücken und Arme durch Kissen gestützt, und schien sich gut erholt zu haben.

»Ihr Sohn hat mich aufgehalten, Mrs. Groat.«

»Machen Sie die Tür zu, drehen Sie den Schlüssel um! Haben Sie Ihren Notizblock dabei?« Eunice stellte einen Stuhl neben das Bett, gespannt darauf, was für ein Brief ihr diktiert würde. Sie wußte, daß Mrs. Groat wichtige Briefe sonst lieber selbst und mit der Hand schrieb.

»Ich möchte, daß Sie in meinem Namen einen Brief an Mary Weatherwale schreiben. Notieren Sie den Namen!« Sie buchstabierte. »Sie wohnt in Somerset Hill Farm, Retherley. Schreiben Sie ihr, daß ich sehr krank bin, daß sie unseren alten Streit vergessen möchte und daß ich sie bitte, hierherzukommen und mich zu besuchen. Unterstreichen Sie bitte ›sehr krank‹. Schreiben Sie, daß ich ihr für ihre Bemühungen fünf Pfund wöchentlich geben will. Ich das zuviel? Nein, schreiben Sie lieber nichts vom Gehalt. Sonst bin ich daran gebunden, wenn sie kommt. Den Weatherwales geht es nicht gerade sehr gut. Schreiben Sie, sie soll gleich kommen, unterstreichen Sie ›gleich kommen‹ . . .«

Eunice schrieb alles genau auf.

»Hören Sie, Miss Weldon«, sagte Jane Groat zum Schluß, »Sie müssen diesen Brief sofort schreiben, aber Sie dürfen meinem Sohn nichts davon sagen. Haben Sie mich verstanden? Bringen Sie den Brief selbst zur Post, überlassen Sie ihn nicht Jackson. Denken Sie daran – mein Sohn darf es nicht erfahren.«

Eunice führte den Auftrag gewissenhaft aus.

Von Jim hatte sie nichts mehr erfahren. Sie vermutete, daß er es gewesen war, der Jackson in der Halle niedergeschlagen hatte. Warum schrieb er nicht? Doch sogleich fragte sie sich auch, warum sie ihm denn nicht schriebe. Am Nachmittag machte sie einen

Spaziergang im Park, in der Hoffnung, ihn dort zu treffen. Sie saß eine ganze Stunde unter seinem Lieblingsbaum, er kam nicht, und sie ging enttäuscht nach Hause.

Am nächsten Tag kam Mrs. Weatherwale, eine untersetzte, frisch aussehende und gutmütige Frau von etwa sechzig Jahren. Sie stellte ihr Gepäck unten in der Halle ab und begrüßte Eunice wie eine Bekannte.

»Wie geht es ihr denn, meine Liebe? Die arme alte Jane! Ich habe sie seit vielen Jahren nicht mehr gesehen. Früher waren wir gute Freundinnen, aber sie – nun ja, lassen wir das Vergangene. Führen Sie mich bitte in ihr Zimmer!«

Mrs. Weatherwale mußte sich zusammennehmen, um den Schrecken zu verbergen, den sie beim Anblick ihrer Freundin empfand.

»Aber, Jane, was ist mit dir los?«

»Nimm Platz, Mary! – Miss Weldon, es ist gut, Sie brauchen nicht zu warten.«

Später am Nachmittag, als Eunice gerade durch die Eingangshalle ging, kehrte Digby Groat nach Hause zurück. Er schaute auf das Gepäck, das noch hier stand, und runzelte die Stirn.

»Was bedeutet das? Wem gehört es?«

»Eine Freundin von Mrs. Groat ist gekommen.«

»Eine Freundin? Wissen Sie vielleicht den Namen?«

»Mrs. Weatherwale.«

Sein Gesichtsausdruck veränderte sich.

»Meine Mutter hat sie wahrscheinlich eingeladen«, rief er ärgerlich, warf die Handschuhe auf den Tisch in der Halle und eilte die Treppe hinauf.

Was sich im Krankenzimmer abspielte, konnte Eunice nur vermuten. Kurz darauf erschien Mrs. Watherwale auf der Treppe und kam gekränkt auf sie zu.

»Lassen Sie mir bitte einen Wagen holen, meine Liebe! Ich fahre nach Somerset zurück. Es ist unerhört – mich von meinen Geschäften wegzuholen! Eine Frau meines Alters und Ansehens! Hat mich doch dieser eingebildete Laffe, den ich nicht einmal auf meinem Viehhof dulden würde, hinausgewiesen!« Sie war äußerst aufgebracht, ihre Stimme zitterte vor aufrichtigem Ärger.

»Ich spreche von Ihnen!« rief sie laut nach oben, wo anscheinend Digby stand, obschon ihn Eunice nicht sehen konnte. »Sie waren schon immer eine kleine, grausame Kanaille, und wenn Ihrer Mutter etwas passiert, gehe ich zur Polizei und zeige Sie an!«

»Es wäre besser, Sie gingen jetzt, bevor ich einen Polizisten hole!« schrie Digby wütend zurück.

»Ich kenne Sie!« Sie drohte mit der Faust nach oben. »Ich habe Sie schon vor dreiundzwanzig Jahren gekannt, mein Junge! Ein gemeinerer, niederträchtigerer Bengel hat noch nie gelebt!«

Digby kam langsam die Treppe herunter. Er lächelte spöttisch.

»Wirklich, Mrs. Weatherwale, Sie benehmen sich wieder einmal recht unvernünftig. Ich kann nicht dulden, daß meine Mutter sich mit Leuten Ihres Schlages abgibt. Für ihren Geschmack bin ich zwar nicht verantwortlich, wohl aber für alles, was hier in meinem Hause passiert.«

Das rosige Gesicht der Frau lief dunkelrot an.

»Sie gemeiner Ausländer! Sehen Sie – das sitzt! Ich kenne Ihr Geheimnis, Mr. Groat!«

Digby warf ihr einen fürchterlichen Blick zu, ging durch die Halle zum Laboratorium und schmetterte die Tür hinter sich zu.

»Wenn Sie wissen wollen, was da drinnen vorgeht...« Mrs. Weatherwale zeigte auf die Tür, hinter der Digby verschwunden war. »Ich kann Ihnen Auskunft geben! Ich habe Briefe von seiner Mutter, als er noch ein Kind war... Wenn Sie die Briefe lesen, stehen Ihnen die Haare zu Berge, meine Liebe!«

Als endlich der Wagen kam und sie wieder abfuhr, atmete Eunice erleichtert auf.

Da habe ich also ein weiteres Familiengeheimnis kennengelernt! dachte sie. Am liebsten wäre sie ebenfalls weggefahren wie Mrs. Weatherwale.

21

»Jim!«

Eunice lief quer über den Rasen, obwohl sie wußte, daß die Spaziergänger sie beobachteten.

Jim ergriff ihre beiden Hände. Sie war glücklich. Sie sprachen gleichzeitig, entschuldigten sich, und beide überboten sich in Bekenntnissen der Reue und Zerknirschung.

»Jim, ich habe gekündigt!«

»Gott sei Dank!«

Sie hatte ihm so viel zu erzählen, daß sie nicht wußte, wo sie anfangen sollte.

»Waren Sie sehr traurig, daß wir uns so lange nicht gesehen haben? – Ach ja, bevor ich es vergesse – Mrs. Weatherwale ist schon wieder fort!«

»Mrs. Weatherwale?« fragte er.

»Ach ja, Sie kennen die Geschichte ja gar nicht! Also – Mrs. Groat hatte mich beauftragt, an diese Frau – sie ist eine alte Freundin von ihr – zu schreiben und sie zu bitten, zu ihr zu kommen und bei ihr zu bleiben. Ich glaube, Mrs. Groat hat große Angst vor Digby.«

»Und sie ist gekommen?«

»Ja, aber nur eine Stunde geblieben. Mr. Groat setzte sie ohne Umschweife wieder auf die Straße. Es geht wirklich sonderbar zu in dem Haus! Die alte Mrs. Weatherwale haßt Digby furchtbar. Sie war reizend zu mir.«

»Wer könnte Digby Groat schon lieben? Erzählen Sie bitte weiter – hat sie etwas über ihn gesagt?«

»Sie ist über alles im Bild, sie kennt auch die Geschichte mit Estremeda. Glauben Sie übrigens, daß sich dadurch die Sache mit dem Testament ändert?«

»Nein, Digby bleibt immer ihr Sohn. Wenn sie das Geld erst einmal hat ... Die Tatsache, daß er nicht der Sohn von John Groat ist und vor der Ehe geboren wurde, ändert daran überhaupt nichts.«

»Wann werden die Groats nun in den Besitz des großen Vermögens kommen?«

»Am nächsten Donnerstag«, seufzte Jim. »Und es gibt noch nicht die geringste gesetzliche Handhabe, um es zu verhindern.«

Er sagte ihr nicht, daß er Lady Mary Danton gefunden hatte. Er durfte von sich aus dieses Geheimnis nicht lüften, und darum konnte er ihr auch nicht sagen, daß Lady Mary die Dame war, die sie gewarnt hatte.

Als sie weiter durch den Park gingen, hängte sie sich an Jims Arm ein. Sie lachte ihn aus, weil er noch immer nicht von seiner alten Idee ablassen konnte, sie mit der Dantonschen Erbschaft in Verbindung zu bringen.

»Ich möchte gar niemand anders sein als die, die ich bin. Ich habe meine Mutter geliebt und sehr um sie getrauert, als sie starb. Auch mit meinem Vater stand ich sehr gut.«

»Ja, es ist eine phantastische Idee, und angesichts der Tatsachen kann ich sie auch nicht aufrechterhalten. Ich habe einen Freund in Kapstadt, der auf meine Bitte hin Nachforschungen angestellt hat.«

»Jim, wir wollen nicht in ein Lokal gehen, um Tee zu trinken! Könnten wir, da wir doch in der Nähe sind, nicht in Ihre Wohnung gehen? Ich würde sie gern einmal sehen.«

Seine Wohnung gefiel ihr außerordentlich. Sie legte ihren Mantel ab und machte sich in der kleinen Küche zu schaffen.

»Sie haben mir erzählt, daß es eine ganz kleine Wohnung ist«, sagte sie vorwurfsvoll, als sie den Tisch deckte. »Es ist hier so sauber. Sie haben doch nicht alles selbst gereinigt und geputzt, all das Geschirr und Porzellan?«

»Eine ältere Frau kommt jeden Morgen und bringt alles in Ordnung.«

»Da kommt ein Zug!« Sie sprang zum Fenster. Ein D-Zug donnerte am Haus vorbei. In entgegengesetzter Richtung nahte mit hoher Geschwindigkeit ebenfalls ein Zug.

Sie sahen sich an und lachten.

»Kommen Sie, Jim, wir wollen unseren Tee trinken, ich muß ja wieder nach Hause.«

Sie setzte gerade die Tasse an ihre Lippen, als die Tür aufging und eine Frau eintrat. Eunice bemerkte sie erst, als sie ›Jim‹ sagte. Die Frau an der Tür war sehr schön, wie Eunice sofort sah.

Ihr Alter war schwer zu bestimmen, obschon nicht jung, hatte sie eine glatte Haut und nur wenige graue Haare. Einen Augenblick sahen sich die beiden Frauen in die Augen.

»Ich komme nachher wieder. Es tut mir leid, daß ich Sie gestört habe.« Mit diesen Worten verließ die Dame das Zimmer.

Ein peinliches Schweigen folgte. Jim setzte dreimal an, um eine Erklärung vorzubringen, brach aber jedesmal wieder ab. Er konnte ja nicht sagen, daß die Dame Lady Mary Danton war.

»Sie hat Sie ›Jim‹ genannt – ist es eine Freundin von Ihnen?« fragte Eunice endlich.

»Es ist meine Nachbarin, Mrs. Fane.«

»Sie haben mir aber erzählt, Mrs. Fane leide an Paralyse, könne nicht aufstehen und habe seit Jahren die Wohnung nicht verlassen?«

Jim war ratlos.

»Ich möchte Ihnen erklären, Eunice...«

»Wie ist sie in die Wohnung gekommen? Sie muß selbst aufgeschlossen haben. Hat sie einen Schlüssel zu Ihrer Wohnung?«

Jim wußte nicht, was er sagen sollte.

»Ich möchte wissen, ob sie einen Schlüssel hat, Jim!«

»Ja, sie hat einen Schlüssel. Es ist... Ich kann es jetzt nicht aufklären, Eunice, aber Sie müssen...«

»Ich verstehe. Sie ist sehr schön.«

»Ja, ja, aber hören Sie...« Jim fühlte sich immer elender. »Sie spricht von meinem Telefon aus, sie hat kein eigenes, begreifen Sie doch, Eunice!«

»Ja, ich begreife – und darum nennt sie Sie ›Jim‹!« Sie schob ihren Teller zurück. »Ich kann nicht länger hierbleiben. Bitte, begleiten Sie mich nicht nach Hause, ich möchte allein sein. Ich werde einen Wagen nehmen.«

Jim verwünschte sich selbst, weil er nicht einfach alles aufklärte, auf die Gefahr hin, Lady Mary zu verraten. Durch seine Versuche, es anders darzustellen, hatte er sich nur immer verdächtiger gemacht. Jetzt schwieg er ganz, als er ihr in den Mantel half.

»Soll ich Sie nicht doch nach Hause begleiten?« fragte er schwach.

Sie schüttelte nur schweigend den Kopf.

Die Wohnungstür von Lady Mary stand offen, und als sie ins Treppenhaus traten, klingelte dort das Telefon.

Eunice sah Jim an.

»Sagten Sie nicht, daß Ihre Freundin kein eigenes Telefon hat?«

Er antwortete nichts mehr.

»Ich hätte nicht gedacht, daß Sie mich so belügen könnten.«

Er blieb oben auf dem Treppenabsatz stehen und schaute ihr verzweifelt nach.

Kaum war er wieder in seinem Zimmer und hatte sich in den großen Sessel geworfen, als Lady Mary eintrat.

»Es tut mir sehr leid«, sagte sie, »ich ahnte nicht, daß sie hier wäre.«

»Ja, ich mußte etwas vorlügen, und sie merkte es. Ihr Telefon hat mich verraten, Lady Mary! Warum sind Sie nicht geblieben? Durch Ihr Verschwinden bekam die Sache ein so sonderbares Gesicht.«

»Ich konnte nicht bleiben. Doch schauen Sie, hier, Jim, was die Nachforschungen nach Eunice Weldon zutage brachten!«

Sie reichte ihm ein Telegramm über den Tisch. Er las:

›Eunice May Weldon starb in Kapstadt im Alter von zwölf Monaten und drei Tagen und liegt auf dem Friedhof in Rondebosch begraben, Grab Nr. 7963.‹

Jim las das Telegramm zweimal.

»Sie ist im Alter von zwölf Monaten begraben worden?« murmelte er. »Und doch ist sie hier und lebt! Neulich habe ich sogar jemand kennengelernt, der die Weldons in Südafrika gekannt hat und sich auch an Eunice erinnern kann, als sie noch ein Kind war.«

»Es ist ganz rätselhaft«, erwiderte Lady Mary, »aber der Mann, der mir dieses Telegramm sandte, ist einer der vertrauenswürdigsten Detektive in Südafrika.«

Jims Gedanken wirbelten durcheinander.

»Ich muß gestehen, daß ich vollkommen verwirrt bin. Dann muß man wohl annehmen, daß die Eltern nach dem Tod ihrer eigenen Tochter ein anderes Kind angenommen haben, und zwar Eunice – ich meine, diese, unsere Eunice. Die Frage ist nur, woher sie kam. Ihr selbst ist nichts von einer Adoption bekannt.«

»Ich habe bereits an meinen Agenten gekabelt und ihm den Auftrag gegeben, über eine eventuelle Adoption zu berichten. Durch dieses Ereignis gewinnt die alte Annahme wieder an Glaubwürdigkeit.«

Er sah sie an.

»Sie meinen, daß Eunice Ihre Tochter sein könnte?«

»Ja.«

»Aber von der Narbe an ihrer Hand wissen Sie nichts?«

»Das kann ja später passiert sein – nachdem ich sie aus den Augen verloren hatte.«

»Wollen Sie mir nicht sagen, Lady Mary, wann Sie sich von Ihrer Tochter getrennt haben?«

»Nein, noch nicht.«

»Eine andere Frage – kennen Sie Mrs. Weatherwale?«

Lady Mary sah ihn mit großen Augen an.

»Ja, ich kenne sie. Sie war eine Farmerstochter, die Jane Groat sehr zugetan war. Eine liebenswürdige, nette Frau – ich habe mich oft gewundert, wie Jane zu dieser Freundschaft kam.«

Jim erzählte, was er von den letzten Vorgängen im Hause Groat wußte.

Jim war wieder ganz bei der Sache, als ihn Lady Mary verließ. Das Telegramm aus Südafrika warf neues Licht in die dunkle Geschichte. Dagegen war das Zerwürfnis mit Eunice völlig bedeutungslos. Wenn sie nun doch Lady Marys Tochter wäre! Diese Möglichkeit stürzte ihn in einen neuen Zwiespalt, und schweren Herzens dachte er an die Konsequenzen, die es für ihn bedeuten würde.

22

Es bestand wenig Aussicht, Mr. Septimus Salter noch im Büro zu treffen. Darum ging Jim in die Garage, wo er seinen kleinen Wagen untergestellt hatte, und fuhr zu Mr. Salters Wohnung in Chislehurst.

Der Anwalt war allein zu Hause und empfing Jim liebenswürdiger, als er erwartet hatte.

»Sie bleiben natürlich zum Dinner bei mir!«

»Nein, nein, vielen Dank, ich bin in großer Eile, ich wollte Sie nur fragen, ob Sie Mrs. Weatherwale kennen?«

»Weatherwale – Weatherwale? Ja, ich kann mich auf den Namen besinnen. Sie wird im Testament von Mrs. Groat erwähnt. Ich glaube, sie hat ihr mehrere hundert Pfund vermacht. Der Vater war Pächter der Dantons.«

Jim erzählte seinem Chef von dem mißglückten Besuch Mrs. Weatherwales bei den Groats.

»Das zeigt wieder einmal«, meinte Mr. Salter, »daß die schrecklichsten Geheimnisse, die wir Rechtsanwälte in den tiefsten Tiefen unsrer Aktenschränke und Stahlkammern verschließen, allgemein bekannt sind. Nun hören Sie zu, Jim! Estremeda ist natürlich der spanische Gesandtschaftsattaché, der im Hause Danton ein und aus ging, als Jane noch ein schönes Mädchen war. Er ist der Vater Digby Groats – seine Mutter war leidenschaftlich in den Spanier verliebt, das heißt, nehmen wir dies alles einmal an! Ich wußte schon längst, daß sie in einen Skandal verwickelt war, aber jetzt sehe ich klar. Darum hat ihr Vater nicht mehr mit ihr gesprochen und hat sie enterbt. Trotzdem glaube ich, daß ihr Bruder Jonathan Danton nichts von ihrem Fehltritt wußte, sonst hätte er ihr ebenfalls keinen Penny hinterlassen. Er war in diesem Punkt genauso unbeugsam wie die anderen Dantons. Offenbar hat sein Vater es ihm verschwiegen. Eine merkwürdige Sache, wirklich sehr merkwürdig! Was wollen Sie nun weiter tun?«

»Ich werde Mrs. Weatherwale in Somerset aufsuchen. Vielleicht, daß ich etwas aus ihr herausbekomme.«

23

Jim war noch schläfrig und wenig zuversichtlich, als am nächsten Morgen um sechs Uhr der Wecker rasselte. Bald jedoch gewann seine Neugier die Oberhand, und er freute sich auf die kleine Reise.

Er nahm den Personenzug, der um sieben Uhr von Paddington abfuhr. Als er die Station erreichte, in deren Nähe Mrs. Weatherwales Haus lag, suchte er zuerst das Gasthaus des Ortes auf, da er noch nicht gefrühstückt hatte. Die Wirtin brachte ihm Schinken und Eier. Von ihr erfuhr er einiges über Hill Farm – es war nur ein kleines Bauerngütchen, auf dem hauptsächlich Gemüse gezogen wurde. Mr. Weatherwale war vor zwölf Jahren gestorben, die Frau hatte einen Sohn, der ihr bei der Arbeit half.

Jim traf Mrs. Weatherwale beim Buttern.

»Ich möchte nicht über Jane Groat sprechen«, verwahrte sie sich entschieden, als er den Zweck seines Besuches nannte. »Die Unverschämtheit ihres Sohnes vergesse ich nicht so bald. Es war ja keine Kleinigkeit für mich – ich habe alles liegen- und stehenlassen und mußte eine Frau nehmen, die die Wirtschaft führt. Und die Fahrt nach London hat auch etwas gekostet.«

Sie wischte die Hände an der Schürze ab und führte ihn in das kleine, sonnige Wohnzimmer.

»Nehmen Sie hier Platz«, forderte sie ihn in etwas rauhem Ton auf, »und erzählen Sie mir jetzt, was Sie eigentlich wollen!«

»Ich möchte etwas über Jane Groats Jugendjahre erfahren. Mit wem war sie befreundet, und was wissen Sie von Digby Groat?«

»Darüber kann ich Ihnen nicht viel sagen. Ihr Vater, der alte Danton, war der Eigentümer von Kennett Hall. Sie können es von hier aus sehen.« Sie zeigte über die Felder hinweg zu ein paar alten, grauen Gebäuden, die oben auf dem Hügel lagen. »Jane kam oft zu uns. Mein Vater hatte damals noch ein größeres Gut. Ganz Holyblok Hill gehörte ihm, aber dann hat er bei den verdammten Wetten viel Geld verloren! Wir beide freundeten uns sehr an – ich gebe zu, daß es ganz ungewöhnlich war, denn sie war ein Mädchen aus vornehmem, reichem Hause und ich nur ein armes Farmerkind. Aber wir verstanden uns gut. Sie hat mir später noch viele Briefe geschrieben. Heute morgen habe ich sie verbrannt.«

»Sie haben sie verbrannt?« rief Jim enttäuscht. »Sie wären gerade jetzt sehr wichtig gewesen!«

»Ich glaube nicht, es standen nur viele verrückte Dinge über einen Spanier darin, in den sie restlos verliebt war.«

»Meinen Sie den Marqués von Estremeda?«

»Kann sein. Genug, ich mag nicht über meine Freundin klatschen. Wir haben alle unsere Dummheiten gemacht. Auch Sie, Mr. . . . Ich habe mir Ihren Namen nicht gemerkt.«

»Steele.«

»Nun gut. Sagen Sie, da war so ein nettes Mädchen im Haus – wie kann Jane nur gestatten, daß ein so junges Ding mit diesem Scheusal von Digby in Berührung kommt? Das wollte ich nur nebenbei erwähnen. Die Briefe habe ich verbrannt und nur ein paar zurückbehalten, die von dem Jungen handeln; sie beweisen, daß sich sein Charakter nicht geändert hat.« Halb scherzend schloß sie: »Es ist ja möglich, daß die Zeitungsreporter die Briefe einmal brauchen können und mir etwas Geld dafür geben, wenn Digby an den Galgen kommt!«

Sie ließ Jim kurz allein und kam mit einer kleinen Schachtel zurück.

»Da!« Mrs. Weatherwale nahm ein Bündel verblaßter Briefe aus der Schachtel und setzte ihre alte, große Brille auf. »Er war immer schon ein bösartiges, gemeines Biest! Wissen Sie, was sein Hauptvergnügen war? Er kam jeden Freitagnachmittag zu Johnsons Farm und sah zu, wie die Schweine für den Markt geschlachtet wurden. So einen Charakter hatte er!« Sie blätterte in den Briefen. »Hier ist einer, da sehen Sie es deutlich – Jane schreibt: ›Ich habe Digby heute schlagen müssen, denn er hat dem kleinen Kätzchen eine Schnur mit Knallfröschen an den Schwanz gebunden . . .‹ Ich habe keinen Brief von ihr bekommen, in dem sie nicht aus irgendeinem Grund über Digby klagen mußte.« Mrs. Weatherwale las leise weiter, manchmal sprach sie ein paar Worte halblaut vor sich hin. Jim hörte plötzlich das Wort ›Baby‹.

»Was für ein Baby war das?«

»Es war nicht ihr Kind.«

»Wem gehörte es aber?«

»Es war ihr nur zur Pflege anvertraut.«

»War es vielleicht das Kind ihrer Schwägerin?«

»Ja, es gehörte Lady Mary Danton. Das arme Ding – er hat ihm etwas Schreckliches angetan. Hören Sie nur, ich will Ihnen die Stelle vorlesen: ›Auch heute mußte ich Digby wieder bestrafen. Er ist furchtbar grausam. Stell dir vor, er hat ein Halbschillingstück in der Flamme erhitzt und es dem armen Kind auf das Handgelenk gedrückt.‹«

»Mein Gott!« rief Jim. Er war bleich geworden.

Mrs. Weatherwale schaute erstaunt auf.

»Warum sind Sie so aufgeregt?«

Also daher stammte die Narbe! Eunice Weldon war Lady Marys Tochter – Dorothy Danton! Sie erbte das Vermögen, nicht Digby Groat oder seine Mutter! Nun gab es keinen Zweifel mehr. Aber wie war sie nach Südafrika gekommen?

Mrs. Weatherwale wunderte sich sehr über ihren Besucher und dachte zuerst, er sei verrückt geworden. Sie sah ihn besorgt an.

»Das kleine Mädchen verschwand bald darauf«, berichtete sie etwas unsicher. »Das Kindermädchen, das Jane engagiert hatte, nahm es in einem Boot mit sich aufs Meer hinaus. Dort muß das Boot von einem großen Schiff gerammt worden sein.«

Jim kam ein Gedanke. Was für Schiffe waren am Unglückstag an der Goodwin-Sandbank vorbeigefahren? Dort in der Nähe mußte der Unfall passiert sein. Er wollte es sofort herausfinden – auch diesen Brief, den Mrs. Groat an ihre Freundin geschrieben hatte, mußte er mitnehmen, um ihn Mr. Salter zu zeigen. Doch Mrs. Weatherwale wollte davon nichts wissen. Jim mußte seine ganze Überredungskunst aufwenden und ihr die Zusammenhänge erklären.

»Wie, es handelt sich um das schöne Mädchen, das ich bei den Groats getroffen habe?«

»Ja, und sie hat diese runde Brandnarbe am Handgelenk. Ich glaube übrigens, Mrs. Groat ahnt oder weiß sogar, daß das Mädchen die Tochter von Lady Mary ist, denn als sie die Narbe sah, brach sie zusammen.«

»Ich möchte nicht, daß Jane Groat in Unannehmlichkeiten kommt. Sie ist immer eine gute Freundin gewesen. Schließlich aber muß dem Mädchen geholfen werden. Nehmen Sie den Brief mit; Sie haben Glück, daß ich ihn nicht auch verbrannt habe!«

Mit dem nächsten Zug fuhr Jim nach London zurück. Er begab sich sofort zu Mr. Salter.

»Jetzt dürfte es nicht mehr schwierig sein«, sagte der Rechtsanwalt, »das fehlende Glied zwischen dem Verschwinden der kleinen Dorothy und dem Auftauchen der Eunice Weldon in Kapstadt zu finden. Da wir wissen, daß Eunice Weldon in zartem Alter gestorben ist, kann die Eunice hier nicht das gleiche Mädchen sein. Ich rate Ihnen, Ihre Nachforschungen zu beschleunigen, denn übermorgen muß ich das Vermögen der Dantons dem neuen Rechtsanwalt von Mrs. Groat aushändigen. Soviel ich sehe, wird Digby Groat die ganzen Liegenschaften sofort verkaufen. Der Landbesitz ist allein vierhunderttausend Pfund wert. Dazu kommen vierundzwanzig Häuser und sechs ziemlich große Güter. Sie wissen ja, Digby war kürzlich bei uns, um sich zu erkundigen, ob einem Verkauf nichts im Wege stünde. Ich habe mit Bennett – dem neuen Anwalt – heute morgen konferiert. Digby beabsichtigt, alles sofort loszuschlagen. Er zeigte Bennett auch die Vollmacht, die ihm seine Mutter ausgestellt hat.«

Septimus Salter beurteilte die Situation durchaus richtig. Das Testament, das Eunice in die Hände gekommen war, hatte Digby sehr erschreckt. Er war fest entschlossen, nicht länger von der Gnade oder Ungnade der verrückten Alten abhängig zu sein, die ihn so wenig leiden konnte wie er sie. Er veranlaßte seine Mutter, den Anwalt zu wechseln, weil er einen neuen Mann haben wollte, der mit den Verhältnissen nicht so vertraut war wie der alte Salter. Alle Ländereien, Liegenschaften und Einkünfte aus dem Dantonschen Erbe sollten in bares Geld umgewandelt werden – in bares Geld, über das Digby Groat disponieren konnte. Darum gründete er ein Syndikat, das mit einem Schlag den Dantonschen Besitz gegen eine bare Kaufsumme erwerben sollte. Er hatte damit vollen Erfolg, die reichsten Finanzleute der City interessierten sich für seinen Plan. Alles war so weit vorbereitet, daß die Verträge nur noch unterzeichnet zu werden brauchten, dann war der Abschluß perfekt.

Etwas kleinlaut fragte Jim Mr. Salter:

»Genügen denn diese Tatsachen noch nicht, um zu beweisen, daß Eunice die Tochter Lady Marys ist?«

»Nein, es muß noch mehr Material beigebracht werden. Doch wird Ihnen das jetzt nicht mehr schwerfallen. Sie kennen das Datum, an dem das Kind verschwand – es war der 21. Juni 1911.«

## 24

Als erstes suchte Jim die Union African Steamship Company auf. Er kam dort an, als man die Geschäftsräume schließen wollte, aber er traf noch den Prokuristen an, der ihn mit in sein Büro nahm und die betreffenden Bücher hervorsuchte.

»Keines unserer Schiffe hat die Themse am 20. oder 21. Juni verlassen. Wir haben hier auch nur eine Nebenlinie, unsere Postdampfer gehen von Southampton ab. Das letzte Schiff, das Southampton passierte, war die ›Central Castle‹. Sie beförderte Truppen nach Südafrika und legte in Plymouth am 20. an. An Margate muß sie drei Tage früher vorbeigefahren sein.«

»Welche anderen Linien fahren nach Südafrika?«

Der Prokurist gab ihm eine Liste, die bedeutend größer war, als er vermutet hätte.

Jim eilte nach Hause, um Lady Mary die Neuigkeiten mitzuteilen, traf sie aber nicht an. Madge Benson sagte ihm, daß sie verreist und erst in zwei oder drei Tagen zurück sei. Jetzt erinnerte er sich, daß Lady Mary die Absicht geäußert hatte, nach Paris zu reisen.

»Wissen Sie, wo sie in Paris Quartier nehmen wollte?«

»Ich wußte nicht einmal, daß sie nach Paris gefahren ist. Sie erzählt mir nie von ihren Plänen.«

Jim seufzte. Vor morgen konnte er nichts unternehmen, er mußte warten. Nun fiel es ihm schwer aufs Herz, daß er sich mit Eunice überworfen hatte. Mit einemmal stand auch das längst Befürchtete als Gewißheit vor ihm: Eine Eunice Weldon mochte ihm vergeben, ihn vielleicht heiraten – eine Dorothy Danton dagegen war eine der reichsten Erbinnen, Jim Steele aber ein armer Mann! Seine Träume von einer Ehe konnte er unter diesen Umständen begraben.

Am nächsten Morgen setzte er die Nachforschungen fort, sobald die Büros öffneten. Er ging von einer Firma zur anderen, jedesmal um eine Hoffnung ärmer. Resigniert machte er seinen letzten Besuch bei der ›African Coastwise Line‹.

»Ich glaube, es ist zwecklos, daß Sie da noch hingehen«, hatte ihm der Sekretär im letzten Büro gesagt. »Die lassen ihre Dampfer überhaupt nicht von London abfahren. Es ist eine Liverpooler Firma. Ich war früher Zollbeamter und habe nie ein Schiff dieser Gesellschaft im Londoner Hafen gesehen.«

Die ›Coastwise Line‹ war eine altmodische Firma mit altertümlichen Büros. Sie befand sich in einem Teil Londons, den die moderne Zeit links liegengelassen hatte. Die beiden Chefs waren uralt und sahen wie Patriarchen aus.

Als Jim eintrat, saßen sie sich an einem gemeinsamen Schreibpult gegenüber. Sie begrüßten ihn mit altväterlicher Liebenswürdigkeit. Ein Bürodiener, fast ebenso alt wie die Inhaber der Firma, brachte einen Sessel herbei. Die beiden Herren hörten Jims Erklärungen freundlich an.

»Ich glaube nicht, daß je einer unserer Dampfer durch die Straße von Dover gefahren ist«, sagte der eine kopfschüttelnd. »Obwohl unser Hauptbüro hier in London ist, gehen doch alle Schiffe von Liverpool ab.«

»Dann hat es wenig Zweck, daß ich Sie weiter belästige«, meinte Jim schweren Herzens.

»Aber Sie belästigen uns durchaus nicht! Um der Sache auf den Grund zu gehen, können wir ja unsere Fahrtenliste vom Juni 1911 durchsehen.«

Bald darauf brachte ein Angestellter ein großes Buch und legte es auf den Tisch. Der ältere der beiden Herren schlug es auf und vertiefte sich in die langen Listen, die er langsam und genau durchlas. Plötzlich hielt er an.

»Erinnern Sie sich noch«, fragte er seinen Teilhaber, »daß wir damals eine Fahrt für die ›Union Africa Line‹ übernahmen, weil sie zu stark beschäftigt war?«

»Ja, ja, ich besinne mich – es war die ›Battledore‹, wir ließen sie von Tilbury abgehen. Es war aber auch das einzige Schiff von uns, das von der Themse ausfuhr.«

»An welchem Tag fuhr sie denn ab?« fragte Jim hastig.

»Um acht Uhr morgens am 21. Juni. Warten Sie...« Er erhob sich und ging zu der großen Karte, die an der Wand hing. »Dann muß sie ungefähr um zwölf Uhr am Leuchtturm von North Foreland vorbeigekommen sein. Und wann ereignete sich der Unglücksfall?«

»Um Mittag!«

»Ich kann mich nicht erinnern, daß etwas Besonderes von der Fahrt berichtet wurde.«

»Kann man nicht irgendwie herausfinden, was auf dieser Reise passierte?«

»Da müßten wir das Logbuch des Schiffs einsehen. Hoffentlich sind wir dazu in der Lage. Die ›Battledore‹ wurde während des Krieges torpediert, aber Captain Pinnings, der Kommandant des Schiffes, lebt noch.«

»Aber sein Logbuch?« fragte Jim.

»Darüber müssen wir Nachforschungen anstellen. Alle Logbücher werden in unserem Büro in Liverpool aufbewahrt. Ich schreibe heute noch an den Geschäftsführer dort und bitte ihn, das Buch herzuschicken, sofern es noch in unserem Besitz ist.«

»Es ist äußerst dringend«, erwiderte Jim. »Sie waren so liebenswürdig zu mir, daß ich Sie nicht drängen würde, wenn es nicht so ungeheuer wichtig wäre. Könnte ich nicht selbst nach Liverpool fahren und das Logbuch einsehen?«

»Die Mühe kann ich Ihnen ersparen. Unser Liverpooler Geschäftsführer kommt morgen nach London. Er kann das Buch mitbringen, wenn es noch existiert. Ich telefoniere gleich mit ihm.«

Damit mußte sich Jim zufriedengeben, obgleich es einen Verlust von weiteren vierundzwanzig Stunden bedeutete.

Er berichtete Mr. Salter, was er erreicht hatte, und entschloß sich zu einer kühnen Tat. Jede nur mögliche Gefahr mußte von Eunice abgewandt werden. Wenn doch nur Lady Mary in London gewesen wäre!

Er fuhr zum Haus am Grosvenor Square und wurde sofort in Digbys Arbeitszimmer geführt.

»Wie geht es Ihnen, Mr. Steele? Nehmen Sie bitte Platz. Hier sitzt man viel bequemer als unter dem Tisch! Was kann ich für Sie tun?«

»Ich möchte Miss Weldon sehen.«

»Ich glaube, sie ist ausgegangen, aber ich will einmal nachsehen lassen.«

Er klingelte. Das Mädchen, das erschien, versicherte, Eunice sei nicht zu Hause.

»Nun gut«, sagte Jim, nahm seinen Hut und verabschiedete sich. »Ich werde draußen warten, bis sie zurückkommt.«

»Sie besitzen eine bewundernswürdige Dickköpfigkeit«, murmelte Digby. »Warten Sie, vielleicht kann ich sie doch finden!«

Nach einigen Minuten kam er mit Eunice zurück.

»Das Mädchen wußte nicht richtig Bescheid — Miss Weldon ist nicht ausgegangen.« Er machte eine kurze, höfliche Verbeugung und verließ den Raum.

Eunice legte die Hände auf den Rücken.

»Sie wollten mich sprechen, Mr. Steele?«

Ihre abweisende Haltung brachte ihn aus dem Konzept. Die zurechtgelegten Argumente, die sie überzeugen sollten, schwammen ihm weg.

»Bitte, verlassen Sie dieses Haus, Eunice!«

»Haben Sie wieder einen neuen Grund gefunden?« fragte sie ironisch.

»Ich habe den besten Grund — ich weiß jetzt, daß Sie die Tochter Lady Mary Dantons sind ...«

»Das haben Sie mir früher auch schon erzählt.«

»Bitte, hören Sie auf mich!« bat er. »Ich kann Ihnen den Beweis bringen, daß Sie es sind. Die Narbe am Handgelenk hat Ihnen Digby Groat beigebracht, als Sie noch ein kleines Kind waren. Es gibt keine Eunice Weldon — das Mädchen, das diesen Namen trug, ist im Alter von einem Jahr in Kapstadt gestorben!«

Sie sah ihn an, ziemlich kühl, und sein Mut sank.

»Das ist ja eine äußerst romantische Geschichte! Haben Sie mir vielleicht sonst noch etwas zu sagen?«

»Nur noch, daß die Dame, die Sie in meiner Wohnung gesehen haben, Ihre Mutter ist.«

Ihre Augen wurden groß, einen Moment lang lächelte sie.

»Wirklich, Jim, Sie sollten Geschichten schreiben! Und wenn

es Sie interessiert, kann ich Ihnen ja sagen, daß ich dieses Haus in ein paar Tagen verlasse, um meine alte Stelle wieder anzunehmen. Sie brauchen mir gar nicht zu erklären, wer die Dame ist, die kein Telefon, aber den Schlüssel zu Ihrer Wohnung besitzt. Ich will Ihnen nur sagen, daß Sie meinen Glauben an die Männer mehr erschüttert haben, als Digby Groat oder irgendein anderer es je fertiggebracht hätte!« Ihr Ärger betäubte alle Sympathie, die sie trotz allem für Jim empfand. »Leben Sie wohl!« Mit diesen Worten verließ sie das Zimmer.

Er stand verwirrt und betäubt da, sprachlos über ihre Ungerechtigkeit. Er spürte Ärger und Zorn in sich aufsteigen, aber er überwand sich. Jetzt konnte er gehen.

## 25

Eine Entscheidung lag in der Luft. Digby Groat war viel zu vorsichtig, um die Anzeichen nicht zu verstehen. Seit zwei Jahren stand er in Verhandlungen mit einem Landagenten in São Paulo und hatte den Kauf einer großen Plantage soweit gefördert, daß er jeden Augenblick abschließen konnte. Durch allerhand Machinationen hatte er die Identität seiner Person als Käufer verschleiert. Es war möglich, daß er fliehen mußte, dann wollte er auf diesen großen Ländereien in Südamerika ein neues, herrliches Leben führen. Und er war entschlossen, Eunice Weldon mit sich zu nehmen. Er wollte sie, besonders nach dem gestrigen Besuch dieses Steele, nicht mehr aus den Augen lassen.

Für Jim gingen die Morgenstunden dieses Tages zu langsam vorüber. Der Geschäftsführer aus Liverpool sollte um ein Uhr ankommen, und Jim wartete pünktlich um diese Zeit im Londoner Büro der Schiffahrtsgesellschaft auf ihn. Der Zug mußte Verspätung gehabt haben, denn es war schon nach zwei, als der Ersehnte ankam. Ein Träger mit einem großen Paket begleitete ihn. Jim wurde sofort ins Privatbüro gebeten.

»Wir haben das Logbuch der ›Battledore‹ gefunden, aber nun habe ich das Datum vergessen.«

»Es war der 21. Juni 1911.«

Das Logbuch lag offen auf dem großen Tisch. Eine eigentümlich gespannte Atmosphäre herrschte in dem alten Büro.

»Hier!« sagte der Partner, der gestern schon die Unterhaltung bestritten hatte. »Die ›Battledore‹ verließ Tilbury um neun Uhr vormittags bei abnehmender Flut, Wind Ost-Süd-Ost, See ruhig, etwas neblig.« Er las für sich weiter. »Ich glaube, jetzt kommt das, was Sie brauchen!« Es war ein dramatischer Augenblick für Jim. Nach einigen einleitenden Worten kam der alte Herr zu der entscheidenden Eintragung. ›»Schwere Nebelbänke, Geschwindigkeit um 11.50 Uhr auf die Hälfte reduziert. Um 12.10 Geschwindigkeit auf ein Viertel abgestellt. Obermaat Bosun berichtete, daß wir kleines Ruderboot in den Grund gebohrt haben und daß er zwei Personen im Wasser gesehen hat. Matrose Grand, ein tüchtiger Schwimmer, geht über Bord und rettet ein Kind. Zweite Person nicht gefunden. Später Geschwindigkeit wieder vergrößert, Versuch gemacht, nach Dungeness zu signalisieren. Wetter zu diesig für Flaggensignale. Geschlecht des Kindes weiblich, Alter erst einige Monate. Kind der Stewardess übergeben.‹«

Eintragung folgte auf Eintragung, aber das Kind wurde nicht mehr erwähnt, bis der Dampfer in Funchal einlief.

»Liegt auf der Insel Madeira«, erläuterte der alte Herr und las die Stelle vor: »›Ankunft in Funchal sechs Uhr morgens. Dem britischen Konsul die Rettung des Kindes gemeldet. Konsul verspricht, nach London zu drahten.‹« Die nächste Eintragung stammte aus Dakar. »An der Westküste von Afrika, französisches Protektorat«, erklärte der Mann wieder. »›Telegramm vom britischen Konsul in Funchal erhalten mit der Mitteilung, daß der Londoner Polizei kein Kind als vermißt gemeldet wurde.‹«

Drei Tage vor der Ankunft in Kapstadt kam die für Jim wichtigste Eintragung:

»›Mr. Weldon, ein Einwohner von Kapstadt, der mit seiner Frau eine Erholungsreise macht, bot an, das Kind, das wir am 21. Juni auf See retteten, zu adoptieren, da er kürzlich sein eigenes Kind verloren hat. Mr. Weldon ist dem Kapitän persönlich bekannt, ferner ist seine Identität durch mehrere Passagiere bestätigt worden. Das Kind wurde ihm zur Pflege übergeben unter der Bedingung, die Angelegenheit den Behörden in Kapstadt zu melden.‹«

Eine vollständige Beschreibung der Größe, des Gewichts, der Haut-, Haar- und Augenfarbe des kleinen Wesens folgte, und unter der Rubrik ›besondere Merkmale‹ stand: ›Narbe am rechten Handgelenk, Schiffsarzt meint, daß sie von einer Brandwunde herrührt.‹

Jim atmete auf.

»Ich kann Ihnen nicht sagen, wie dankbar ich Ihnen bin, meine Herren! Sie haben mir die Mittel in die Hand gegeben, ein großes Unrecht wieder gutzumachen. Auch das Kind ist Ihnen zu großem Dank verpflichtet, allerdings ist inzwischen eine junge Dame aus ihm geworden. Es ist möglich, daß wir Sie bitten müssen, dieses Logbuch bei Gericht vorzulegen. Aber ich hoffe, daß die Rechtsansprüche klar genug sind, so daß es nicht zu einer Verhandlung kommt.«

Noch ganz benommen ging er die Threadneedle Street hinunter. Daß er für Eunice ein Vermögen gewonnen und dabei sein eigenes Glück verloren hatte, störte seine Freude nicht.

Er hatte eine oberflächliche Abschrift der Eintragungen im Logbuch gemacht. Wortlos legte er seine Notizen vor Mr. Salter auf den Tisch. Die Augen des Anwalts leuchteten auf.

»Nun ist alles vollständig klar. Das Logbuch beweist die Identität von – nun ja, von Miss Danton!«

Jim machte ein besorgtes Gesicht.

»Wie überreden wir aber Miss Danton, das Haus von Mr. Groat schleunigst zu verlassen?«

»In diesem Falle ist vielleicht der Rat eines älteren Mannes wirkungsvoller als der Ihre?« schlug Mr. Salter vor und erhob sich. »Ich werde Sie begleiten.«

Ein anderes Dienstmädchen öffnete ihnen, gleich darauf erschien Digby.

»Ich möchte Miss Weldon sprechen«, sagte Salter.

Digby wurde steif und formell.

»Es tut mir leid, daß Sie Miss Weldon nicht sprechen können. Sie ist heute früh mit meiner Mutter nach Frankreich gefahren. In diesem Augenblick ist sie wahrscheinlich schon in Paris.«

»Das ist eine verdammte Lüge!« erklärte Jim ruhig. »Miss Weldon ist entweder hier in diesem Haus oder sie ist auf Ihren dämlichen Landsitz nach Somerset gebracht worden!«

Weniger Jims Beleidigungen als die Anwesenheit des Rechtsanwalts, die er sich nicht erklären konnte, brachten Digby Groat aus der Fassung.

»Sie machen sich also, Mr. Salter, zum Werkzeug dieses verantwortungslosen Menschen? Ich hätte nicht gedacht, daß ein Mann von Ihrer Erfahrung sich von einem solchen Burschen zum Narren halten ließe! Miss Weldon will mit Mr. Steele nichts mehr zu tun haben. Sie hat mir von dem Streit, den sie mit ihm gehabt hat, erzählt.«

Jim wußte, daß das gelogen war. Eunice hätte einen Digby Groat bestimmt nie ins Vertrauen gezogen.

»Was für ein Interesse haben Sie an Miss Weldon?« fragte Digby den Anwalt.

»Ich interessiere mich rein menschlich für sie.«

Jim war von dieser Antwort seines Chefs betroffen.

»Aber . . .« begann er.

»Ich glaube, es ist besser, wir gehen, Steele!« unterbrach ihn Salter, indem er ihn verstohlen und warnend ansah.

»Warum haben Sie ihm nicht gesagt, daß Eunice die rechtmäßige Erbin des Dantonschen Vermögens ist?« fragte Jim, als sie das Haus hinter sich gelassen hatten.

»Nehmen wir einmal an, daß dieser Mann tatsächlich ein solcher Schuft ist, wie wir denken. Das Mädchen ist auch jetzt in seiner Gewalt! Was wäre die Folge, wenn ich ihm erzählte, daß Eunice Weldon ihm die ganze Erbschaft streitig macht, daß ihr sogar dieses Haus gehört, er also völlig ruiniert ist?«

»Sie haben recht«, sagte Jim kleinlaut.

»Solange Digby Groat nicht weiß, daß ihm von Eunice Gefahr droht, ist sie verhältnismäßig sicher. Auf jeden Fall ist sie nicht in Lebensgefahr. Wenn er es aber erfährt . . . Ich bin davon überzeugt, daß Mr. Groat nicht vor einem Mord zurückschreckt, um sein Erbe zu retten.«

Sie sprachen nicht mehr. Erst als sie im Büro in der Marlborough Street anlangten, brach Jim das Schweigen.

»Es sieht fast so aus, als ob wir machtlos wären. Gibt es keine gesetzliche Handhabe? Können wir nicht Anklage erheben?«

»Gesetz und Rechtsprechung arbeiten langsam, mein Junge! Es gibt nicht nur Verhaftungs- und Durchsuchungsbefehle, das Gesetz hat viele Waffen – und bei Gott, sie sollen gegen Digby Groat aufgeboten werden!«

Jim stellte sofort neue Nachforschungen an. Er erfuhr, daß Mrs. Groat und Eunice tatsächlich zum Victoria-Bahnhof gefahren waren. Digby hatte zwei Fahrkarten nach Paris gelöst und zwei Schlafwagenplätze reservieren lassen. Dabei mußten die Namen der beiden Damen eingetragen werden, und dies war zweifellos mit Absicht geschehen und der Zweck dieser Reservierungen. Jim konnte allerdings nicht feststellen, ob die Plätze auch besetzt wurden.

Mr. Salter meinte, als ihm Jim darüber berichtete:

»Vielleicht ist Jane Groat allein nach Paris gefahren, jedenfalls beweist es noch lange nicht, daß unsere Klientin London ebenfalls verlassen hat.«

»Unsere Klientin?« fragte Jim.

»Ja, natürlich, unsere Klientin«, wiederholte Salter. »Vergessen Sie nicht, daß Miss Danton unsere Klientin ist, und solange sie die Vertretung ihrer Interessen nicht einem anderen ...«

»Mr. Salter«, unterbrach Jim, »wann wird Bennett das Vermögen übergeben?«

»Es ist heute morgen geschehen.« Mr. Salter schien darüber nicht im mindesten deprimiert zu sein.

»Um Gottes willen!« rief Jim aus. »Dann befindet sich ja bereits alles in Digby Groats Händen?«

»Nur vorübergehend. Lassen Sie sich dadurch nicht aus der Fassung bringen. Haben Sie etwas von Lady Mary gehört?«

»Von wem?« Jim kam heute morgen nicht aus dem Staunen heraus.

»Von Lady Mary Danton. Das ist doch Ihre geheimnisvolle Dame in Schwarz? Ich ahnte es gleich und habe nicht mehr daran gezweifelt, als Sie mir von der blauen Hand erzählten.«

»Was hat denn die blaue Hand zu bedeuten?«

»Ich bin nicht berechtigt, darüber zu sprechen. Lady Mary

wird es Ihnen wohl selbst in den nächsten Tagen erzählen. Sind Sie schon einmal in einer Färberei gewesen, Steele?«

»Ja.«

»Haben Sie die Hände der Frauen gesehen, die mit Indigo umgehen?«

»Wollen Sie damit sagen, daß Lady Mary in einer Färberei arbeitete, nachdem sie verschwand?«

»Sie wird es Ihnen selbst sagen.«

Damit mußte sich Jim zufriedengeben.

Beim jetzigen Stand der Dinge war es wichtig, daß die Nachforschungen beschleunigt und verschiedene Spuren gleichzeitig verfolgt wurden, und weil dies Jim allein nicht mehr bewältigen konnte, ließ Mr. Salter zwei Detektive kommen, die früher bei Scotland Yard gearbeitet hatten, jetzt aber eine eigene Agentur unterhielten. Am Nachmittag wurde eine Konferenz zu viert abgehalten und alle Einzelheiten besprochen.

### 26

Am gleichen Nachmittag sah Digby von seinem Fenster aus einen bärtigen Mann an der Gartenseite des Gebäudes entlangschlendern. Er hielt eine Pfeife im Mund und schien sich in die architektonischen Besonderheiten der Häuser am Grosvenor Square zu vertiefen. Digby hätte sich den Mann genauer angesehen, wenn ihm nicht gerade Mr. Bennett gemeldet worden wäre. Der neue Rechtsanwalt, ein vierschrötiger Schotte mit strohblondem Haar, war ihm bereits unsympathisch.

»Nun, Mr. Bennett, hat Ihnen der alte Salter alle Urkunden ausgehändigt?«

»Jawohl, Sir. Ich habe alles erhalten.«

»Glauben Sie nicht, daß er uns noch mit irgendeinem bösen Trick überraschen wird?«

»Mr. Septimus Salter ist ein zu hervorragender Anwalt, als daß er sich auf Tricks einlassen würde«, erwiderte Mr. Bennett kühl.

»Großer Gott, Sie brauchen sich nicht gleich für ihn beleidigt zu fühlen!«

»Darum geht es nicht – ich habe nur zum Ausdruck gebracht, was ich von ihm denke. Doch zur Sache – die Grundstücksbriefe und Papiere sind soweit in Ordnung, der Verkauf kann sofort vollzogen werden. Sie verlieren keine Zeit, Mr. Groat!«

»Gut. Die Mitglieder des Syndikats drängen sehr darauf, daß der Besitz übergeben wird. Welches ist der früheste Termin?«

»Morgen früh. Ich vermute...« Mr. Bennett zögerte. »Die Frage nach der eigentlichen Erbin, Dorothy Danton, ist doch endgütig geklärt?«

»Dorothy Danton?« Digby lächelte. »Sie ist vor zwanzig Jahren ertrunken und längst von den Fischen aufgefressen worden. Machen Sie sich darüber keine Gedanken!«

»Dann steht der Sache ja nichts im Wege.« Bennett zog ein Bündel Schriftstücke aus einer schwarzen Ledermappe. »Vier dieser Dokumente wollen Sie bitte unterschreiben, das fünfte muß Ihre Mutter unterzeichnen.«

»Meine Mutter?« Digby runzelte die Stirn. »Ich dachte, das sei unnötig. Ich ließ doch die Vollmacht durch den Notar ausfertigen.«

»Sie wissen, Mr. Groat, daß diese notarielle Vollmacht nicht ausreicht, um zum Beispiel die Pachtverträge und verschiedene andere Rechte zu veräußern. Wenn Sie trotzdem Rechtshandlungen vornehmen, die gar nicht übertragen werden können, dann steht Ihrer Mutter ein Pfandrecht zu. Unter diesen Umständen wäre es besser, wenn Sie die Originalunterschrift beibrächten, damit es keine Unannehmlichkeiten gibt. Mr. Salter ist ein sehr kluger Mann, und wenn ihm rechtliche Mängel beim Besitzwechsel bekannt werden, wäre es sehr leicht möglich, daß er eine offizielle Warnung, ein Caveat, eintragen läßt. Er fühlt sich ja noch immer als Anwalt des verstorbenen Mr. Danton.«

»Was hat ein Caveat zu bedeuten?«

»Damit wird jeder Käufer gewarnt, das Besitztum zu erwerben. Sollte sich nach dem Kauf herausstellen, daß der Verkäufer irgendwie nicht zu dem Verkauf berechtigt war, so hat der Käufer den Schaden zu tragen. Und ich glaube nicht, daß das Syndikat das Risiko eingehen würde, Ihnen die Kaufsumme in bar auszuzahlen, wenn ein Caveat eingetragen ist.«

Digby starrte lange Zeit aus dem Fenster.

»Also gut, dann werde ich die Unterschrift meiner Mutter beibringen.«

»Sie ist, soviel ich weiß, in Paris?«

»Woher wissen Sie das?«

»Ich war heute bei Mr. Salter, um die letzten Formalitäten zu erledigen, und er erwähnte es nebenbei.«

»War es denn absolut nötig, daß Sie Salter nochmals aufsuchten?« fragte Digby ärgerlich.

»Ich erledige meine Angelegenheiten nach bestem Wissen und Gewissen und so, wie ich es verantworten kann«, erwiderte Mr. Bennett schroff.

Digby sah ihn ärgerlich an und nahm sich vor, nach dieser Transaktion die Dienste dieses unangenehmen Schotten nicht mehr in Anspruch zu nehmen. Er haßte das Gesetz, und er haßte Rechtsanwälte. Er hatte den Eindruck gehabt, daß die Firma Bennett froh sei, diesen großen Auftrag zu erhalten, und deshalb seinen Wünschen entgegenkommen würde. Zu seinem Verdruß mußte er feststellen, daß der gefügige Rechtsanwalt, den er sich vorgestellt hatte, in Wirklichkeit nicht existierte.

»Geben Sie mir das Dokument, ich werde meine Mutter unterzeichnen lassen.«

»Werden Sie nach Paris fahren?«

»Ich lasse es ihr mit Flugpost schicken.«

Der Anwalt nahm die übrigen Papiere und legte sie sorgfältig in seine Ledermappe.

»Dann erwarte ich Sie also morgen um zwölf Uhr im Büro des Nordland-Syndikats.«

27

Digby Groat machte eine unvorhergesehene Reise nach Kennett Hall, dem Landsitz, den seine Mutter einst geerbt hatte.

Den Wagen schickte er schon am frühen Morgen voraus, er selbst fuhr mit dem Zug. Vor dem Bahnhof wartete der Wagen auf ihn. Die paar Beamten sahen Digby nicht gerade freundlich nach, als er den Bahnsteig verließ.

Eine hügelige Straße führte nach Kennett Hall. Die schmiedeeisernen Tore waren prachtvolles Rokoko, die Wachhäuschen zu beiden Seiten dagegen viktorianische Bauten, die häßlich und zerfallen aussahen. Unkraut überwucherte die Blumenbeete, den geschotterten Fahrweg konnte man kaum mehr vom Rasen unterscheiden.

Der Verwalter kam zum Tor geeilt und schloß es auf.

»Ist jemand hier gewesen?« fragte Digby.

»Nein, Sir, nur der Flugzeugführer ist da.«

»Steigen Sie aufs Trittbrett, Masters!« befahl Digby.

Der Wagen fuhr durch eine lange Ulmenallee, drehte dann nach rechts und hielt vor einer Terrasse. Alle Schönheit der Natur von Somerset kam nicht gegen den traurigen Eindruck auf, den das Herrenhaus machte. Steingeländer, Terrassen und Hauswände zerbröckelten. Digby kannte den Anblick, ihn deprimierte er nicht, er hatte schon immer die Absicht gehabt, das Haus niederzureißen und einen modernen Bau errichten zu lassen.

Masters schloß die große Haustür auf. Im Innern wurde der Verfall noch deutlicher als draußen. Als sie in die Eingangshalle traten, entstand ein Huschen und Rascheln.

»Ratten gibt es auch?«

»Ja«, bestätigte Masters, »sogar unheimlich viele. Ich habe Mühe, sie von meiner Wohnung fernzuhalten, aber hier im Ostflügel ist es geradezu fürchterlich.«

»Wo ist der Flugzeugführer?«

Digby folgte dem Verwalter durch einen langen, dunklen Gang.

Der bärtige Villa nickte ihm vergnügt zu. Er trug noch Fliegerkleidung.

»Gut, daß Sie da sind«, sagte Digby.

»Ich habe es glücklich geschafft, aber es ist eigentlich mehr ein Zufall. Ich bin diese leichte Maschine nicht gewöhnt. Es ist besser, wenn Bronson sie zurückbringt.«

Digby setzte sich ihm gegenüber.

»Bronson kommt hierher. Ich erwarte ihn heute abend.«

Villa wartete, bis Masters gegangen war.

»Was ist eigentlich los? Sie wollen doch nicht einen Domizilwechsel vornehmen?«

»Vorläufig schwer zu sagen. Der Flugplatz in Seaford wird beobachtet, Steele ist alarmiert, jedenfalls vermutet er etwas. Ich kann nur ein Privatflugzeug nehmen.«

»Dieses Haus ist aber auch nicht das Richtige für Sie!« Villa schüttelte den Kopf. »Warum kommen Sie überhaupt hierher? Eignet sich nicht als Hauptquartier ... Steht die Sache schlecht?«

»Es kann sein, daß jeder sehen muß, wie er davonkommt. Ich hoffe, daß es nicht dazu kommt. Alles hängt davon ab ...« Digby beendete den Satz nicht und fragte unvermittelt: »Wie weit liegt die Küste von hier?«

»Die ist sehr nahe. Ich bin in zweitausend Meter Höhe geflogen und konnte den Kanal von Bristol deutlich sehen.«

»Ich kann mich ja auf Sie verlassen, Villa, und darum muß ich Ihnen jetzt sagen – auch wenn Sie diese schnellen, leichten Flugzeuge hassen, müssen Sie sich trotzdem bereit halten, mich mit einer solchen Maschine in Sicherheit zu bringen. Verstehen Sie mich recht, es muß nicht dazu kommen, so wie ich die Sache überblicken kann, aber wir müssen auf alles vorbereitet sein. Nun gut, aber das ist noch nicht alles. In der Zwischenzeit hat sich noch ein anderer Auftrag für Sie ergeben. Sie haben wahrscheinlich in den Zeitungen von dem reichen brasilianischen Pflanzer Maxilla gelesen? Er hält sich jetzt in Deauville auf.«

»Meinen Sie den Spieler?«

»Er hat in der letzten Zeit viel Pech gehabt. Ich weiß zufällig, daß er allein in der letzten Woche etwa zwanzig Millionen Franken verloren hat. Vorher hat er in Aix und in San Sebastian gespielt. Seine Lage ist ziemlich gespannt.«

»Aber am Ende ist der noch lange nicht!« wandte Villa ein. »Ich habe seine Jacht gesehen, als Sie mich nach Le Havre schickten. Ein ganz wundervolles Schiff, das etwa eine Viertelmillion wert ist. Und er hat ein paar hundert Quadratmeilen Kaffeeplantagen in Brasilien ...«

»Das weiß ich alles«, unterbrach Digby ungeduldig. »Wichtig für mich ist nur, daß er im Augenblick nicht flüssig ist. Wir brauchen uns gar nicht lange darüber zu unterhalten, Villa – hören

Sie zu! Gehen Sie nach Deauville, das heißt, fliegen Sie mit Ihrer Maschine hin, sprechen Sie mit Maxilla – Sie sprechen doch portugiesisch?«

»Ich habe lange in Lissabon gelebt.«

»Gut, sprechen Sie mit ihm, und wenn er Geld braucht, wie ich vermute, dann bieten Sie ihm hunderttausend Pfund für seine Jacht. Es ist ja möglich, daß er das Doppelte fordert, rechnen Sie also damit, auch das zu zahlen. Maxilla steht nicht im besten Ruf, und die brasilianische Besatzung wird froh sein, wenn das Schiff verkauft wird. Wenn es Ihnen gelingt, senden Sie mir ein Telegramm, lassen Sie das Schiff in den Kanal von Bristol bringen, wo auch Kohlen gefaßt werden sollen.«

»Es ist ein Turbinendampfer mit Ölfeuerung.«

»Nun gut, dann eben Öl! Und Vorräte – sie sollen für einen Monat auf See reichen. Der Kapitän soll sofort bei mir in London erscheinen, um die Weisungen entgegenzunehmen. Das Schiff kann ja der Erste Offizier hinbringen. – Haben Sie meinen Auftrag richtig verstanden?«

»Mit Ausnahme von zwei Dingen habe ich ihn durchaus begriffen«, versicherte Villa liebenswürdig. »Erstens muß ich ja wohl Geld haben, wenn ich diese Jacht ...«

»Das gebe ich Ihnen natürlich mit. Und was das zweite betrifft – Sie werden nicht zu kurz kommen bei diesem Geschäft!«

»Dann ist ja alles in Ordnung!«

»Maxilla darf unter keinen Umständen wissen, daß ich der Käufer bin. Kaufen Sie das Schiff auf Ihren eigenen oder den Namen eines Freundes. Kapitän und Mannschaft bringe ich schon zum Schweigen, wenn ich erst einmal an Bord bin. Fliegen Sie noch heute abend nach Deauville!«

Digby hatte noch andere Vorkehrungen zu treffen. Masters erhielt den Befehl, zwei Zimmer in Ordnung zu bringen und mit Betten und Möbeln einzurichten. Masters war verwirrt und ratlos.

»Na und?« fuhr ihn Digby ärgerlich an. »Wenn keine Betten da sind, dann fahren Sie nach Bristol oder in eine andere nahe Stadt, kaufen Betten und lassen sie mit einem Auto herbringen! Es ist egal, was es kostet. Bringen Sie auch Teppiche mit!«

Er legte ein Bündel Banknoten auf den Tisch. Masters, der noch nie im Leben eine solche Summe in der Hand gehalten hatte, bekam beinahe den Veitstanz vor Aufregung.

## 28

Digby Groat fuhr im Auto zur Stadt zurück und erreichte das Haus am Grosvenor Square rechtzeitig zum Dinner. Er aß eilig und ging hinauf, um sich umzuziehen.

Er kam an Eunices Zimmer vorbei. Jackson saß auf einem Stuhl vor der Tür. Er grinste.

»Sie ist jetzt ruhig! Ich habe die Fenster geschlossen, die Läden heruntergelassen und ihr geraten, sich ruhig zu verhalten, wenn sie mich nicht böse machen will.«

»Und wie steht es mit meiner Mutter? Haben Sie ihr die kleine Schachtel mit den Pillen gegeben?«

»Die ist jetzt zufrieden!« Wieder grinste Jackson. »Ich wußte gar nicht, daß sie Morphinistin ist.«

»Es ist völlig gleichgültig, was Sie wissen oder nicht wissen!« fuhr ihn Digby an.

Er mußte noch ausgehen, Lady Waltham gab an diesem Abend einen Hausball, an dem auch mehrere Mitglieder des Syndikats teilnahmen. Während eines Tanzes nahm ihn einer der Gäste beiseite und fragte:

»Sind die Papiere für morgen schon in Ordnung? Einige Mitglieder sind befremdet, daß Sie bar ausbezahlt sein wollen.«

Digby zuckte die Achseln.

»Sie vergessen, mein Lieber, daß ich nur Agent in dieser Angelegenheit bin. Ich vertrete meine, wie soll ich sagen, etwas exzentrische Mutter.«

»Nun ja, das sagte ich mir auch. Hauptsache, die Papiere sind in Ordnung. Ihre Mutter hat doch die Unterschrift geleistet?«

Digby fluchte innerlich, daß er es immer noch aufgeschoben hatte, sie unterschreiben zu lassen. Sobald er konnte, verabschiedete er sich und kehrte nach Haus zurück.

Das Zimmer seiner Mutter war verschlossen.

»Wer ist da?« fragte sie aufgeregt.

»Ich bin es – Digby!«

»Ich möchte lieber morgen früh mit dir sprechen.«

»Ich muß dich jetzt sehen – mach endlich die Tür auf!«

Es dauerte einige Zeit, bis sie gehorchte. Sie hatte ihren Schlafrock um, ihr Gesicht war grau und furchtsam.

»Es tut mir leid, daß ich dich störe, Mutter, aber hier ist ein Dokument, das unbedingt heute abend noch unterschrieben werden muß.«

»Ich habe doch schon alles getan, was du wolltest!« klagte sie mit zitternder Stimme. »Habe ich es nicht getan, mein Junge?«

Sie ahnte nicht, daß sie mit dieser Unterschrift ein ganzes Vermögen verlieren würde.

»Könnte ich nicht morgen früh unterschreiben?« bat sie. »Meine Hand zittert jetzt so.«

»Hier setzt du deinen Namen hin!« schrie er sie an. Sie gehorchte.

## 29

Das Nordland-Syndikat, das sich ausschließlich mit dem Kauf und der Verwertung der Dantonschen Besitztümer befassen sollte, gehörte als Bestandteil einer viel größeren, mächtigen Finanzorganisation an.

In einem großen, schön möblierten Sitzungszimmer warteten die Mitglieder des Syndikats, unter ihnen Lord Waltham, Hugo Vindt, der reiche Bankier, der seine Hände überall im Spiel hatte, und Felix Strathelan, der bekannte Lebemann, einer der gewitztesten Landspekulanten in ganz England.

Rechtsanwalt Bennett trat ein. Er trug eine schwarze Mappe unter dem Arm, die er vor sich auf den Tisch legte.

»Guten Morgen, meine Herren!« begrüßte er die Anwesenden trocken.

»Guten Morgen, Bennett«, erwiderte der Lord. »Haben Sie Ihren Klienten heute schon gesehen?«

»Nein, Mylord.« Bennett machte ein eher unfreundliches Gesicht, als er seine Mappe öffnete.

»Dieser Groat ist ein merkwürdiger Mensch!« meinte Bankier Vindt. »Kein Geschäftsmann – und stellt trotzdem so scharfe Bedingungen. Ich würde ihn eigentlich nicht für einen Engländer halten, er sieht mehr wie ein Südländer aus. Meinen Sie nicht auch, Lord Waltham?«

»Ja, ja.«

»Die Groats sind tatsächlich eine sonderbare Familie. Wissen Sie auch, daß die Mutter Kleptomanin ist?«

»Um Gottes willen!« rief Strathelan. »Das fehlte gerade noch!«

»Sie ist jetzt eine verrückte alte Frau, aber einst war sie eine der schönsten Frauen Londons. Sie verkehrte viel in unserer Familie. Jedesmal, wenn sie uns besucht hatte, entdeckten wir, daß irgendein kleines Schmuckstück fehlte. Meistens handelte es sich um nichts Wertvolles, aber einmal war auch ein sehr kostbares Armband meiner Tochter verschwunden. Eine unangenehme Geschichte, doch als ich mit Groat sprach, gab er es mir sofort zurück. Und bei dieser Gelegenheit kam es eben heraus, daß sie an der bewußten Krankheit leidet. Trotz allem hat sie Glück gehabt . . .«

»Bei dem Sohn?« wandte Strathelan ein.

»Nun ja – aber wäre Dantons Kind damals nicht umgekommen, wären die Groats heute so arm wie Kirchenmäuse.«

»Haben Sie eigentlich Lady Mary gekannt, Mylord?« fragte Vindt.

»Ich habe beide gekannt – Lady Mary und ihr Kind. Wir verkehrten viel mit den Dantons und luden uns gegenseitig ein. Es war ein hübsches Kind.«

»Was für ein Kind meinen Sie?« hörte man eine Stimme aus dem Hintergrund.

Digby Groat war geräuschlos ins Zimmer getreten. Leise schloß er die Tür hinter sich.

»Wir sprachen gerade über Lady Marys kleine Tochter – Ihre verstorbene Kusine. Können Sie sich überhaupt an sie erinnern?« fragte Lord Waltham.

»Ganz dunkel. Ich weiß nur, daß sie früher einmal in unserem Hause war und dauernd schrie. Aber wir sind ja nicht hier, um über sie zu sprechen. – Haben Sie alles in Ordnung gebracht, Bennett? Hier das Dokument mit der Unterschrift, die Sie verlangten!«

Der Rechtsanwalt nahm das Schriftstück in Empfang und prüfte es.

»Gut, alles ist in Ordnung. Nun wollen wir zum Geschäftlichen kommen, meine Herren!«

Alle nahmen ihre Plätze am Tisch ein.

»Ihre Forderung, Groat, das Geld in bar zu erhalten, ist eine ungewöhnliche Bedingung«, sagte Lord Waltham und öffnete eine Kassette, die neben ihm auf dem Tisch stand. »Ich habe nicht gern viel Geld in meinem Büro, und wir mußten eigens zwei Wachleute deswegen aufbieten.«

Digby beobachtete gespannt, wie der Lord ein Paket Banknoten nach dem anderen herausnahm und auf dem Tisch abzählte.

Der Rechtsanwalt drehte ein Schriftstück um und reichte Digby eine Feder. »Bitte, unterschreiben Sie hier, Mr. Groat!«

In diesem Augenblick trat ein Sekretär in den Raum. Hugo Vindt drehte sich nach ihm um, und auf den Brief in seiner Hand deutend, fragte er:

»Ist das für mich?«

»Nein, für Mr. Bennett.«

Bennett nahm den Brief, auf dem ›Dringend und wichtig‹ stand, und schaute auf den Absender.

»Er ist von Salter.«

»Die Sache hat doch wohl Zeit, bis wir das Geschäft beendet haben«, rief Digby nervös.

»Es ist besser, wir erledigen das gleich.« Bennett öffnete den Brief und las ihn.

»Was schreibt er denn?« fragte Digby.

»Ich fürchte, der Verkauf kann nicht vorgenommen werden«, antwortete Mr. Bennett ruhig. »Salter hat ein Caveat gegen den Verkauf der Liegenschaften eingebracht.«

Digby sprang wütend auf.

»Wie kann er das? Dazu hat er gar kein Recht! Er ist nicht mehr mein Anwalt. Wer hat ihn dazu ermächtigt?«

Bennett sah ihn seltsam an.

»Dieses Caveat hat Salter im Auftrag von Dorothy Danton beantragt. Nach diesem Brief zu schließen ist sie noch am Leben.«

Ein peinliches Schweigen trat ein.

»Das ändert natürlich alles«, erklärte der Bankier Vindt. »Sie wissen doch, Groat, was dieses Caveat bedeutet?«

»Aber ich bestehe darauf, daß die Übereignung vollzogen wird! Dies hier ist einzig und allein eine Schikane Salters – jeder Mensch weiß, daß Dorothy Danton seit zwanzig Jahren tot ist.«

»Trotzdem können wir angesichts des Einspruchs nichts weiter unternehmen«, stellte Lord Waltham fest. »Wir sind als Käufer nachher für allen Schaden verantwortlich.«

»Ich aber unterschreibe die Urkunde«, sagte Digby heftig.

»Bitte! Sie können zwanzigmal Ihre Unterschrift daruntersetzen, dies ändert gar nichts. Wenn wir Ihnen das Geld auszahlen und später stellt sich heraus, daß die rechtmäßige Erbin lebt, dann haben wir unser ganzes Geld verloren und müssen ihr ihr Eigentum ersetzen. Nein, Groat, wenn es nur, wie Sie sagen, eine Schikane ist, können wir uns an jedem anderen Tag wieder treffen, sobald alles geklärt ist. Wir möchten den Besitz sehr gern erwerben. Allerdings kann ich mir nicht vorstellen, daß ein Mann von Salters Stellung und Erfahrung einen derartigen Einwand nur aus Schikane vorbringt. Im Augenblick können wir also nichts unternehmen, das müssen Sie einsehen.«

Alle anderen Anwesenden stimmten dem bei.

Digby war außer sich vor Wut, als er die Banknoten wieder in der Kassette verschwinden sah.

»Gut«, murmelte er schließlich. Sein Gesicht war bleich. In Gedanken überschlug er die verbleibenden Möglichkeiten. Er durfte keine Zeit verlieren, mußte weiteren Schritten Salters zuvorkommen.

Wortlos wandte er sich zur Tür und lief die Treppe hinunter. Vor dem Haus wartete sein Wagen.

»Zur Third National Bank«, rief er dem Fahrer zu, als er einstieg.

Seine Mutter hatte dort ein Bankguthaben von etwa hunderttausend Pfund – die Einkünfte aus dem Dantonschen Vermögen, die sich im Lauf der Zeit angehäuft hatten, da sie ja furchtbar sparsam, um nicht zu sagen geizig lebte.

Digby ahnte, daß Salter seinen Einspruch nicht aufs Geratewohl gemacht hatte. Sicher konnte er sich auf Tatsachen stützen. Woher aber mochte diese Dorothy Danton plötzlich kommen? Wer war sie? Er fluchte. Auf jeden Fall mußte er alles irgendwie verfügbare Geld einkassieren. Das Geld für den Ankauf der Jacht hatte er aus dem Bankguthaben der Bande der Dreizehn gezogen. Er bedauerte jetzt, daß er es nicht vom Bankkonto seiner Mutter genommen hatte, denn gestern wäre bestimmt alles noch glattgegangen. Doch heute ...

Mit diesen Gedanken stieg er aus dem Wagen.

Er wurde ins Büro des Bankdirektors gerufen, dessen Gruß ihm kühler schien als sonst.

»Nehmen Sie bitte Platz, Mr. Groat.« Der Direktor fühlte sich offensichtlich unbehaglich. »Ich bin leider nicht in der Lage, Ihnen einen Scheck auf das Konto Ihrer Mutter zu honorieren.«

»Was soll das bedeuten?«

»Es tut mir leid.« Der Direktor zuckte die Achseln. »Ich habe heute morgen die Nachricht erhalten, daß das Dantonsche Testament nicht zugunsten Ihrer Mutter durchgeführt werden kann. Ich habe bereits unsere Rechtsanwälte veranlaßt, sich mit den juristischen Aspekten der Angelegenheit zu befassen. Da Mr. Salter uns mit Klage droht, wenn wir seinem Einspruch nicht nachkommen, müssen Sie begreifen, daß ich Ihnen vom Konto Ihrer Mutter nichts aushändigen kann. Von Ihrem eigenen Konto können Sie natürlich ziehen, soviel Sie wollen.«

Digby überlegte kurz. Auf seinem eigenen Konto lag auch noch eine beträchtliche Summe.

»Lassen Sie mich bitte wissen, wie hoch mein Guthaben ist. Ich will den verfügbaren Betrag abheben und mein Konto bei Ihrer Bank schließen.«

Er war wieder ganz ruhig geworden. Äußerste Vorsicht war geboten, er mußte klar und nüchtern überlegen. Salter war verteufelt klug und hatte alle einschlägigen Bestimmungen in den Fingerspitzen.

Glücklicherweise befand sich das Guthaben der Dreizehn auf

einer anderen Bank. Wenn es zum Letzten kommen sollte, mochten elf von den dreizehn sehen, was sie anfingen.

Der Direktor kam mit der Kontoabrechnung zurück. Einige Minuten später ging Digby zu seinem Wagen. Seine Taschen waren aufgebauscht von den vielen Banknoten, die er bei sich trug.

Ein großer, bärtiger Mann stand auf dem Gehsteig, als er ins Freie trat. Digby sah ihn neugierig an und wußte sofort, daß es ein Detektiv war. Befaßte sich die Polizei schon mit ihm? Oder war es nur ein Privatdetektiv, den Salter ihm nachschickte? Er entschied sich für die letztere Annahme.

Als er nach Hause kam, fand er ein Telegramm von Villa vor. Der Inhalt war kurz, doch sehr zufriedenstellend:

›Kaufte Pealigo hundertzwölftausend Pfund. Schiff unterwegs nach Avonmouth. Bringe Kapitän mit Flugzeug. Komme Grosvenor Square neun Uhr abends.‹

Er las das Telegramm zweimal, sein Gesicht hellte sich auf. Er dachte an Eunice. Die Lage war nicht hoffnungslos, sie hatte sogar ihr Gutes.

## 30

Die Läden waren geschlossen, die Vorhänge gezogen. Eunice saß in dem halbdunklen Zimmer und versuchte zu lesen, als Digby Groat hereinkam. Sie wurde blaß und erhob sich.

»Guten Abend, Miss Weldon. Ich hoffe, Sie haben sich nicht zu sehr geärgert?«

»Wollen Sie mir bitte erklären, warum man mich hier gefangenhält?« fragte sie atemlos.

Er lachte ihr ins Gesicht.

»Wir können endlich einmal offen miteinander reden. Das ist eine Wohltat. Die vielen höflichen Redensarten sind mir ebenso lästig wie Ihnen.« Er griff nach ihrer Hand. »Wie kalt Sie sind, meine Liebe!«

»Wann kann ich dieses Haus verlassen?« fragte sie leise.

»Sie wollen dieses Haus verlassen?« Er warf die Handschuhe

auf einen Stuhl und packte sie an den Schultern. »Sie meinen wohl, wann wir zusammen das Haus verlassen? So lautet die Frage richtig. Auf diesen Augenblick habe ich gewartet – Sie sind schön, Eunice . . .«

Jetzt erst erkannte sie ihre Lage ganz. Die Maske war gefallen. Sie stand nur steif da und starrte ihn an. Aber dann kam sie zu sich und stieß ihn mit Aufbietung ihrer ganzen Kraft von sich. Von Wut und Gier aufgestachelt, sprang er von neuem auf sie zu. In ihrem Entsetzen schlug sie ihn zweimal mit der geballten Faust ins Gesicht. Ein unterdrückter Wutschrei – er taumelte zurück. Bevor er sie wieder erreichen konnte, hatte sie den Baderaum erreicht und die Tür zugeriegelt. Minutenlang stand er davor und forderte Einlaß. Langsam trat er ins Zimmer zurück, blieb vor dem Spiegel stehen und betrachtete sich.

»Sie hat mich geschlagen!« murmelte er. Er war kreidebleich. »Geschlagen!« Er lachte böse. Das sollte sie büßen!

Er verließ das Zimmer, schloß die Tür ab. Er hielt noch die Hand auf der Klinke, als er ein Geräusch hörte und den Gang entlangsah. Seine Mutter stand vor ihrem Zimmer. In befehlendem Ton rief sie:

»Digby, komm her zu mir!«

Er war so erstaunt, daß er gehorchte und ihr ins Zimmer folgte.

»Was willst du von mir?«

»Schließ die Tür und setz dich!«

Es war schon über ein Jahr her, daß sie so mit ihm gesprochen hatte!

»Was, zum Teufel, bildest du dir ein? Mir hier Befehle zu erteilen . . .«

»Sei still!«

Nun wurde ihm der Zusammenhang klar.

»Du hast wieder Morphium gehabt, du . . .«

»Schweig und setz dich, Digby Estremeda! Ich will mit dir sprechen!«

Sein Gesicht zuckte. »Du – du . . .« begann er nochmals.

»Still! Ich will wissen, was du mit meinem Vermögen gemacht hast!«

Er traute seinen Ohren nicht.

»Was hast du mit meinem Vermögen gemacht?« wiederholte sie. »Ich war dumm genug, dir eine Generalvollmacht durch den Notar ausstellen zu lassen. Was hast du damit gemacht? Hast du alles verkauft?«

Er war so überrascht, daß er ihr Rede und Antwort stand.

»Man hat einen Einspruch oder so etwas Ähnliches erhoben, so daß ich nicht verkaufen konnte.«

»Ich hoffte, daß man es tun würde!«

»Was? Was hast du gehofft?« Er fuhr vom Stuhl auf.

Mit einer gebieterischen Handbewegung brachte sie ihn wieder zum Sitzen. Als wäre er aus einem Traum erwacht, fuhr er sich mit der Hand über die Augen. Sie wagte es, ihm zu befehlen – und er gehorchte ihr widerspruchslos! Er selbst hatte ihr Morphium gegeben, um sie zu beruhigen, und nun war sie wieder Herrin der Lage

»Warum hat man den Verkauf verhindert?«

»Weil dieser verrückte Salter einen Eid darauf leistet, daß das Kind noch lebt – ich meine Dorothy Danton, das kleine Mädchen, das damals in der Nähe von Margate ertrank.«

Es beunruhigte und erstaunte ihn sehr, daß bei dieser Mitteilung ein Lächeln um ihren Mund zuckte.

»Sie lebt!«

»Wer? Wer lebt? Du bist wahnsinnig! Dorothy Danton ist längst tot, vor zwanzig Jahren ertrunken!«

»Ich möchte wissen, was sie wieder zum Leben erweckt hat – und wer hat herausgefunden, daß es Dorothy ist? Du bist an allem schuld, du Narr! Das sind die Folgen deiner niederträchtigen Bosheit!«

»Du wirst mir jetzt alles sagen, was du weißt, oder es wird dir leid tun, daß du überhaupt den Mund aufgemacht hast!«

»Du hast sie gezeichnet – daran hat man sie doch überhaupt erst wiedererkennen können!«

»Was habe ich getan?«

»Erinnerst du dich nicht, Digby?« Sie sprach jetzt schnell, es schien sie zu befriedigen, daß sie ihn treffen konnte. »Es waren einmal ein Baby und ein grausamer kleiner Junge – und der

Junge nahm ein Halbschillingstück, erhitzte es über der Flamme und drückte es dem Kind auf das Handgelenk.«

Da dämmerte es langsam in seiner Erinnerung, die ganze Szene von damals kam ihm ins Gedächtnis zurück. Er hörte wieder das Wehgeschrei der Kleinen, sah den großen Raum mit den altmodischen Möbeln, vom offenen Fenster aus konnte man in den Garten blicken – er erinnerte sich an die Spirituslampe, an der er die Münze erhitzt hatte ...

»Mein Gott«, stöhnte er, »jetzt fällt mir alles ein!«

Einen Augenblick schaute er in das häßliche, schadenfrohe Gesicht seiner Mutter, dann stand er rasch auf und verließ das Zimmer.

Als er auf den Gang hinaustrat, hörte er lautes Klopfen an der Haustür. Ein vorsichtiger Blick vom nächsten Fenster aus auf die Straße sagte ihm alles. Jim und der alte Salter standen draußen – und hinter ihnen etwa ein Dutzend Detektive!

Die Haustür würde etwa fünf Minuten standhalten – Zeit genug, um ...

## 31

Wenig später stand er in Eunice Weldons Zimmer.

»Passen Sie auf, meine Liebe«, sagte er hastig. »Sie brauchen keine Angst zu haben. Ihre Freunde sind draußen und wollen ins Haus einbrechen. In längstens einer halben Stunde sind Sie befreit. Ich will Sie vorher nur in einen Zustand versetzen, der Sie hindert, Aussagen gegen mich zu machen, bis ich aus dem Hause bin und genügend Vorsprung habe. Nein, nein, ich will Sie nicht töten! Sie sind vernünftig genug, um einzusehen, warum ich es tun muß. Sie sind doch so klug, Eunice!«

Sie sah etwas Helles, Glänzendes in seiner Hand und schrak entsetzt vor ihm zurück.

»Rühren Sie mich nicht an! Ich schwöre Ihnen, daß ich nichts verraten will!«

Aber er hatte schon ihren Arm gepackt. Drohend zischte er:

»Wenn Sie schreien oder ...«

Sie fühlte einen Stich im Arm und versuchte, ihn zurückzureißen, aber er hielt ihn wie mit einer eisernen Klammer umspannt.

»Nun ist alles gut – es hat doch gar nicht weh getan!« Er lauschte einen Moment und begann zu fluchen. »Sie brechen die Haustür auf!«

»Gehen Sie jetzt?« fragte Eunice.

»In ein paar Minuten gehen wir.« Er betonte das ›Wir‹ sehr deutlich.

Doch sie schien es nicht zu bemerken. Sie verfiel in einen merkwürdig apathischen Zustand, sie konnte sich kaum noch darauf besinnen, was vor einer Minute geschehen war. Sie setzte sich auf einen Stuhl und streichelte ihren Arm. Daß sie gestochen worden war, wußte sie noch, aber sie spürte keinen Schmerz mehr. Es war ein seltsamer und angenehmer Zustand, alles wurde ihr gleichgültig, auch Digby Groat.

»Setzen Sie Ihren Hut auf!«

Sie gehorchte. Sie dachte gar nicht daran, sich zu widersetzen.

Er brachte sie über eine Nebenstiege ins Kellergeschoß, von dem aus eine Tür zur Garage führte. Sein eigener Wagen stand jedoch nicht hier. Jim hatte sich bei seinen Erkundigungen schon einmal gewundert, warum Digby sein Auto so weit von seinem Haus entfernt unterbrachte. In dieser Garage hier befand sich nur ein geschlossener Lieferwagen.

»Steigen Sie ein – setzen Sie sich auf den Boden!« befahl er.

Sie tat es. Die Mischung von Morphium und Hyacin, unter deren Einfluß sie stand, schaltete das Gedächtnis und den Willen aus.

Digby nahm aus dem Kasten unter dem Führersitz eine schmutzige, alte Chauffeurjacke. Er knöpfte sie bis oben zu, und zum Schluß stülpte er eine alte Kappe über den Kopf, deren Schirm er so tief ins Gesicht zog, daß die Augen fast verdeckt wurden.

Er öffnete die Garagentür. Sie ging auf eine Nebengasse hinaus. Eine Frau sprach mit einem Milchmann, sonst war niemand zu sehen, doch auch die beiden waren so sehr in ihre Unterhaltung vertieft, daß sie nicht auf den Wagen achteten.

Digby beeilte sich nicht. Er kletterte nochmals aus der Führerkabine, schloß das Garagentor und zündete sich erst eine Pfeife an. Langsam fuhr er dann in Richtung Bayswater Road davon. Er hielt nur kurz an einer Tankstelle und fuhr mit mäßiger Geschwindigkeit weiter durch die Vorstädte, bis er die lange Straße erreichte, die von Staines nach Ascot führt. Hier hielt er an und stieg aus.

Er nahm die kleine, flache Kassette aus seiner Tasche, füllte die Spritze wieder, öffnete die hintere Wagentür und schaute hinein.

Eunice lehnte mit dem Rücken an einer Wagenwand, schläfrig mit dem Kopf nickend. Sie sah ihn verwirrt an.

»Keine Angst!« Er stieß rasch die Nadel in ihren Arm.

Sie verzog das Gesicht ein wenig und streichelte ihren Arm.

»Das tut weh«, murmelte sie.

Als er aus Ascot herauskam, wurde vor ihm ein Auto von Polizisten angehalten. Er mußte ebenfalls warten und beobachtete gespannt die Untersuchung des Wagens vor ihm.

Jetzt kam Digby an die Reihe. Er nickte dem Polizisten freundlich zu. »Kann ich weiterfahren?«

»Ja.«

Der Sergeant machte keinerlei Anstalten, ins Innere des Lieferwagens zu schauen, auf dem der Name einer bekannten Londoner Möbelfirma stand.

Digby atmete auf. Er durfte ein solches Risiko nicht noch einmal eingehen. An der nächsten großen Kreuzung würde ihn bestimmt eine zweite Sperre erwarten. Er mußte nach London zurückfahren. Richtung Stadt wurden die Wagen wohl kaum angehalten. Er bog in eine Nebenstraße ein und erreichte bald wieder die Hauptstraße. Hier passierte er einen weiteren Wachposten. Die Polizisten nahmen gar keine Notiz von ihm. Sie hielten nur die Wagen in entgegengesetzter Richtung an, und stadtauswärts wartete eine lange Schlange von Autos.

Der sicherste Ort, wohin er Eunice bringen konnte, war eine von ihm gemietete Garage in Paddington, die schon der Bande der Dreizehn gute Dienste geleistet hatte. Sie stand seit fast einem Jahr leer, nur Jackson war öfters dort gewesen, um die dazugehörigen Räume in Ordnung zu halten.

Er erreichte den Westen Londons, als es zu regnen begann. Alles ging nach Wunsch. Die Straße, in der sich auf der Rückseite eines Häuserblocks die Garage befand, lag vollkommen verlassen. Er öffnete das Tor und fuhr den Wagen hinein, bevor etwa anwesende Inhaber von Nachbargaragen auftauchen und ihre Neugierde befriedigen konnten.

Digby besaß einen Hauptschlüssel für alle von ihm benutzten Garagen, Häuser und Räume, mit dem er sämtliche Schlösser öffnen konnte.

Halb führte, halb trug er Eunice aus dem Wagen. Sie seufzte, denn sie fühlte sich müde und zerschlagen.

»Hier!« Er drängte sie vor sich her eine dunkle Treppe hinauf. Oben auf dem Treppenpodest blieb er stehen und schaltete das Vorplatzlicht an. Er öffnete die Tür zu dem Appartement, das zur Garage gehörte, trat rasch ein und zog die schweren Vorhänge, bevor er Licht machte. Das nett möblierte Zimmer sah gemütlich aus, obwohl seit einem Monat nicht mehr abgestaubt worden war. Er fühlte Eunice den Puls und sah ihr in die Augen.

»Sie fühlen sich jetzt wohl – warten Sie hier, ich bin gleich zurück. Ich will nur etwas zum Essen einkaufen.«

Nach zwanzig Minuten kam er zurück und sah, daß sie den Mantel abgelegt und sich Hände und Gesicht gewaschen hatte. Sie trocknete sich die Hände, als er eintrat.

Er durfte ihr keine Spritze mehr geben, die letzte Dosis war zu stark gewesen, und er fürchtete, daß sie zusammenbrechen oder eine Herzschwäche bekommen könnte. Das wäre für ihn ebenso unangenehm wie für sie.

»Essen Sie etwas«, schlug er vor.

Sie setzte sich gehorsam an den Tisch. Er hatte kalten Braten, Käse, Butter und Brot mitgebracht. Aus der winzigen Küche nebenan holte er zwei Gläser und füllte sie mit Wein.

»Ich fühle mich so furchtbar müde«, sagte sie, ohne etwas anzurühren.

Um so besser, dachte Digby Groat, dann wird sie jetzt einschlafen.

Sie zog die Schuhe aus und legte sich auf die Couch. Kaum

hatte sie sich mit einem tiefen Seufzer zur Wand gedreht, schlief sie schon fest.

Digby aß allein. Nachher rauchte er lange. Nun war also Eunice in seiner Gewalt. Wenn die Situation auch nicht gerade angenehm war, tröstete ihn die Aussicht auf die Plantage in Brasilien.

Er erhob sich, holte aus einer Schublade Rasierzeug und ein Handtuch, machte Wasser auf dem Gasherd in der Küche heiß und rasierte sich. Darauf durchstöberte er im Abstellraum nebenan die verschiedenen eingebauten Schränke, inspizierte die Anzüge und Mäntel, die auf Bügeln hingen, und holte aus den oberen Fächern einige der Schachteln herunter, die dort untergebracht waren, um ihren Inhalt zu prüfen. Einer länglichen Schachtel entnahm er ein prachtvolles Abendkleid mit Silberspitzen und legte es über die Stuhllehne. In den anderen Kartonschachteln fand er nach einigem Suchen auch dazu passende Satinwäsche und ein Paar weiße Seidenschuhe. Er legte alles sorgfältig auf dem Stuhl zurecht und war mit seiner Wahl sehr zufrieden. Auch über seine eigene Verkleidung war er sich bei dieser Gelegenheit klargeworden.

Zunächst aber zog er seine Chauffeurjacke wieder an und ging zum Telefon.

## 32

»Wie, Jane Groat ist tot?« Lady Mary war bestürzt.

Jim saß teilnahmslos in Mr. Salters Büro. Er sah müde, niedergeschlagen und hohläugig aus.

»Der Arzt nimmt an, daß sie eine zu große Dosis Morphium genommen hat«, erklärte Mr. Salter.

Lady Mary schwieg lange.

»Ich glaube, Jim, es ist jetzt Zeit, daß ich Ihnen etwas über die Bedeutung der blauen Hand erzähle.«

»Wird es uns ein wenig weiterhelfen?« fragte Jim gespannt.

»Ich fürchte, es wird uns nicht viel helfen, aber trotzdem muß ich es Ihnen jetzt sagen. Das Zeichen der blauen Hand richtete sich nicht gegen Digby Groat, sondern gegen seine Mutter. Es war ein schwerer Fehler von mir, zu glauben, Digby Groat sei vollständig in der Gewalt seiner Mutter. Ich war sehr bestürzt, als ich entdeckte, daß umgekehrt sie ihm sklavisch gehorchte. – Die Geschichte der blauen Hand ist weder phantastisch noch dramatisch, wie Sie vielleicht erwarten. Ich verheiratete mich sehr jung, Sie wissen es –.« Sie nickte Salter zu. »Mein Vater war damals ein armer Adliger, der nur eine Tochter und keine Söhne hatte. Es war furchtbar schwer für ihn, das verschuldete Familiengut zu halten. Er lernte Jonathan Dantons Vater kennen, und die beiden verabredeten eine Heirat zwischen mir und dem jungen Danton. Ich hatte ihn früher nie gesehen und lernte ihn erst eine Woche vor der Hochzeit kennen. Er besaß einen kühlen, harten Charakter und war ebenso stolz, rechthaberisch und unbeugsam wie sein Vater. Dazu kam noch seine Reizbarkeit und der Pessimismus, beides verursacht durch sein Herzleiden, an dem er später ja auch gestorben ist. Meine Ehe war sehr unglücklich. Sympathie und Entgegenkommen, wie ich es erwartet hätte, fand ich bei ihm nicht. Er schien mir vom ersten Augenblick an zu mißtrauen. Ich glaube, daß er mich manchmal haßte, weil ich einer Gesellschaftsschicht entstammte, die er trotz seines Reichtums als überlegen empfand. Als unser Töchterchen geboren wurde, hoffte ich, daß sich seine Haltung mir gegenüber ändern würde, aber er zog sich immer mehr zurück, und wir wurden uns noch fremder. Ich wußte, daß seine Schwester, Jane Groat, früher in irgendeine Skandalaffäre verwickelt gewesen war. Jonathan sprach nie darüber und ließ sich nichts anmerken. Der Vater dagegen stand ihr ausgesprochen feindselig gegenüber. Jane hatte einen merkwürdigen, unausgeglichenen Charakter. Sie konnte lebhaft, vergnügt sein und gleich darauf in melancholischen Pessimismus verfallen. Eines Tages, als sie zum Tee zu mir kam, war sie so nervös und gereizt, daß ich mir Sorgen machte. Ich nahm an, sie habe sich wieder über ihren Jungen geärgert, der sehr schwer zu erziehen war. Auf einmal zog sie eine Schachtel hervor. ›Ich kann wirklich nicht länger warten, Mary‹, sagte sie gereizt und nahm eine Pille. Ich dachte zuerst, daß es ein Medikament sei. Als ich aber sah, wie ihre Augen glänzten und sich ihr ganzes Verhalten veränderte, ahnte ich die

Wahrheit. ›Du nimmst doch nicht etwa Morphium, Jane?‹ fragte ich. ›Nur in ganz kleinen Mengen‹, antwortete sie, ›beunruhige dich deshalb nicht, Mary. Wenn du meine Sorgen hättest, würdest du auch deine Zuflucht dazu nehmen!‹ Aber das war nicht einmal das Schlimmste, wie ich bald darauf erfahren sollte, als mein Mann eine Geschäftsreise nach Amerika machte. Dorothy war damals erst sieben oder acht Monate alt. Eines Morgens kam Jane zu mir und bat mich, mit ihr zusammen auszugehen und Einkäufe zu machen. Sie war so vergnügt und angeregt, daß sie bestimmt wieder unter dem Einfluß des Morphiums stand; und ich war so töricht, ihr zuzusagen. Wir gingen in mehrere Geschäfte und kamen schließlich in ein großes Warenhaus. Jane kaufte nur wenig, doch darüber machte ich mir keine Gedanken, weil ich wußte, daß sie sehr sparsam war und auch nicht viel Geld hatte. Ich kannte die Firma nicht genauer und war auch noch nie dort gewesen. Als wir durch die Seidenabteilung gingen, wandte sich Jane plötzlich mit einem ängstlichen Ausdruck an mich und flüsterte mir zu: ›Steck das weg!‹ Bevor ich begriff, was vorging, schob sie etwas in meinen Muff. Es war kalt an dem Tag, und ich trug einen der großen Muffe, wie sie damals modern waren. Gleich darauf berührte mich jemand an der Schulter, ich drehte mich um und sah einen vornehmen Herrn, der in bestimmtem Ton zu mir sagte: ›Bitte, begleiten Sie mich ins Büro des Geschäftsführers.‹ Ich war bestürzt und verwirrt und kann mich nur noch darauf besinnen, daß Jane mir ins Ohr flüsterte: ›Du darfst deinen Namen nicht sagen.‹ Sie stand ebenfalls unter Verdacht, wir wurden beide in ein großes Büro geführt, wo uns ein älterer Herr verhörte. ›Wie heißen Sie?‹ fragte er mich. Der erste Name, der mir einfiel, war der meines Hausmädchens, Madge Benson. Ich hätte damals Jane auf der Stelle anzeigen und sagen sollen, daß ich Lady Mary Danton sei. Mein Muff wurde untersucht, und man fand ein großes Stück Seide darin. Als der ältere Herr sich in einer Ecke des Büros mit einem anderen Mann besprach, beschwor ich Jane, ein Geständnis zu machen, und sagte ihr, daß es ganz unerhört wäre, so etwas zu tun. ›Um Gottes willen, sag kein Wort!‹ flüsterte sie mir zu. ›Was auch immer kommen mag, ich nehme die Verantwortung auf mich. Der Untersuchungsrichter ...‹ – ›Ich werde doch nicht vor den Untersuchungsrichter kommen?‹ fragte ich entsetzt. – ›Doch, du mußt es tun, Jonathan würde es nie überwinden und dir Vorwürfe machen, wenn ich vor Gericht käme.‹ Sie sprach ganz leise und schnell. ›Ich kenne den Untersuchungsrichter in Paddington. Ich werde zu ihm gehen und ihm alles sagen, du wirst morgen entlassen. Mary, du mußt mir helfen!‹ In diesem Augenblick kam der Geschäftsführer mit einem Polizisten zurück, dem er mich übergab. Ich habe den Diebstahl, den man mir zur Last legte, damals nicht bestritten und auch Jane nicht belastet. Später erfuhr ich, daß sie dem Geschäftsführer sagte, ich sei eine entfernte Verwandte von ihr, sie habe mich zufällig in dem Geschäft getroffen. Ich mußte die Nacht in einer Untersuchungszelle des Polizeigefängnisses zubringen. Es war entsetzlich. Als ich am nächsten Morgen vor den Untersuchungsrichter geführt wurde, glaubte ich fest, daß Jane Wort gehalten und inzwischen etwas unternommen hätte. Doch sie war nicht beim Untersuchungsrichter gewesen. Ich wurde unter dem Namen Madge Benson aufgerufen, der Geschäftsführer des Warenhauses trat als Zeuge gegen mich auf und erklärte, daß seine Firma seit einiger Zeit große Verluste durch Ladendiebstähle erlitte, er vermute, daß ich schon öfters Waren entwendet habe. Es war eine harte Erfahrung für mich, aber ich zweifelte nicht, daß der Richter mich der Geringfügigkeit des Vergehens wegen entlassen würde. Ich schämte mich sehr, so auf der Anklagebank sitzen und mich anstarren lassen zu müssen. Noch heute kann ich nicht darüber sprechen, ohne rot zu werden. Der Richter hörte sich die Aussagen des Geschäftsführers schweigend an, dann sah er zu mir herüber. Ich wartete. – ›Diese Art von Vergehen nimmt derart überhand, daß ich einmal ein Exempel statuieren muß. Ich verurteile Sie zu einem Monat Gefängnis.‹ – Der Gerichtssaal, der Richter und alle Anwesenden begannen sich um mich zu drehen. Als ich wieder zu mir kam, saß in einer Zelle, eine Wärterin stand neben mir und reichte mir ein Glas Wasser. Jane hatte mich betrogen! Und es blieb nicht die letzte Gemeinheit, die sie mir antat. Ich war schon zwei Wochen im Gefängnis von Holloway, als sie mich dort besuchte. Mit anderen Gefangenen mußte ich in einem Schuppen arbeiten, in dem Versuche im Färben von Stoffen angestellt wurden. Sie wissen wahrscheinlich wenig von Gefängnissen, aber im ganzen Land wird die Arbeitskraft der Gefangenen nutzbar gemacht. In Maidstone werden zum Beispiel alle Formulare gedruckt, die die Gefängnisbehörden brauchen, in Exeter Sättel hergestellt, in Shepton Mallet wird gewoben, in Manchester Baumwolle verarbeitet, und so weiter. In Holloway also versuchte die Direktion, eine Färberei einzurichten. Als Jane Groat mich nun besuchte und ich in den Besuchsraum kam, um mit ihr zu sprechen, hatte ich vergessen, zuvor meine Hände zu reinigen. Erst als mir auffiel, wie sie auf meine Hände starrte, mit denen ich mich am Eisengitter festhielt, sah ich, daß sie dunkelblau waren. – ›O wie schrecklich!‹ rief sie. ›Deine Hände sind ja blau!‹ – Meine Hände waren blau – deshalb wurde die blaue Hand zum Symbol für die Ungerechtigkeit, die diese Frau an mir begangen hatte. Ich machte ihr keine Vorwürfe, ich war zu müde und niedergeschlagen, um mit ihr zu rechten oder ihr den gemeinen Verrat vorzuhalten. Aber sie versprach mir, meinem Mann die Wahrheit zu sagen. Auch erzählte sie mir, daß sie sich in der Zwischenzeit meines Kindes angenommen und es mit einer ihrer Mädchen nach Margate geschickt habe. Sie hätte dies veranlaßt, damit die Leute, wenn sie nur das Kind sähen, sich nicht wunderten, wo ich geblieben wäre. So aber, wenn auch das Kind nicht in der Stadt war, nähmen alle an, ich sei mit dem Kind verreist. – Und dann ereignete sich der schreckliche Unglücksfall, bei dem Dorothy, wie ich damals annehmen mußte, den Tod fand. Jane Groat sah sofort den Vorteil, der sich für sie daraus ergab. Irgendwie mußte sie vom Inhalt des Testaments meines Mannes erfahren haben. Ich selbst hatte keine Ahnung davon. Als er bald darauf aus Amerika zurückkehrte, ging sie sofort zu ihm und erzählte, daß ich wegen Ladendiebstahls verhaftet und verurteilt worden sei und daß Dorothy, um die ich mich nicht gekümmert hätte, den Tod gefunden habe. Mein Mann regte sich so sehr darüber auf, daß er einen Herzschlag bekam und starb. Man fand ihn tot in seinem Büro, nachdem seine Schwester gegangen war. Einen Tag bevor ich aus dem Gefängnis entlassen wurde, erhielt ich einen Brief von Jane, in dem sie mir brutal diese Tatsachen mitteilte. Sie machte nicht den geringsten Versuch, mir die Nachricht vom Tod meines Kindes vorsichtig beizubringen. Der ganze Brief schien nur in der Absicht abgefaßt worden zu sein, meine Gesundheit und womöglich mein Leben in Gefahr zu bringen. – Glücklicherweise besaß ich das Haus in der Stadt. Kurz nach meiner Entlassung erbte mein Vater ein großes Vermögen, das bei seinem Tod auf mich überging. Nun war ich in der Lage, Nachforschungen nach Dorothy anzustellen, und ich habe all diese langen Jahre hindurch nichts unversucht gelassen, sie zu finden. Gerade weil ich Jane zutiefst mißtraute, zweifelte ich am Tod des Kindes. Ich glaubte immer, sie halte es irgendwo versteckt. Durch das Zeichen der blauen Hand wollte ich sie terrorisieren und zu einem Geständnis bringen.«

Salter hatte der Erzählung Lady Marys schweigend gelauscht.
»Damit also ist auch das letzte Geheimnis gelöst«, sagte er.


## 33

Als Eunice erwachte, versuchte sie sich klarzumachen, was geschehen war. Als letzte klare Erinnerung tauchte das Erlebnis in ihrem Zimmer am Grosvenor Square auf. Digby Groat war auf sie zugekommen ... Sie zitterte noch jetzt bei dem Gedanken und wollte sich aufsetzen, sank aber mit furchtbaren Kopfschmerzen wieder zurück. Wo war sie? Sie schaute sich um. Ein grüner Vorhang hing vor dem Fenster, aber es fiel genug Licht ein. Der Raum war einfach möbliert – Couch, Kasten, Waschständer und Teppich.

Sie war vollständig angezogen und fühlte sich entsetzlich elend. In diesem Augenblick wünschte sie sich in Mrs. Groats Haus zurück, in das luxuriöse Badezimmer – wie gern hätte sie jetzt ein Bad genommen.

Wo mochte sie nur sein? Sie stand auf, schwankte durchs Zimmer und zog den Vorhang zur Seite. Graue Wände hoher Hinterhäuser – sie war also in London. Nur in London konnte man derartig hohe und langweilige Häuser sehen. Sie wollte die Zimmertür öffnen, sie war verschlossen. Gleich darauf hörte sie draußen Schritte.

»Guten Morgen«, sagte Digby Groat, als er aufgeschlossen hatte und eintrat.

Zuerst erkannte sie ihn in seiner Chauffeurkleidung und ohne Schnurrbart nicht.

»Sie?« fragte sie furchtbar erschrocken. »Wo bin ich? Warum haben Sie mich hierhergebracht?«

»Auch wenn ich Ihnen sage, wo Sie sind, nützte Ihnen das nicht das geringste. Und warum Sie bei mir sind, ist doch wohl klar? Seien Sie also vernünftig, frühstücken Sie etwas!«

Er beobachtete sie als Arzt. Die Wirkung der Spritzen hatte noch nicht ganz aufgehört, und sie brachte noch keinen großen Widerstand auf.

Ihre Kehle war vertrocknet, ein Hungergefühl plagte sie. Sie nippte an dem Kaffee, den er zubereitet hatte. Dabei sah sie ihn dauernd an.

»Ich will Ihnen etwas sagen«, begann er nach einer Weile. »Ich bin in schwere Bedrängnis geraten, und es ist unvermeidlich, daß ich fortgehe.«

»Sie wollen Ihr Haus verlassen? Gehen Sie nicht dorthin zurück?«

»Aller Wahrscheinlichkeit nach nicht.« Er lächelte ironisch. »Nun essen Sie etwas und seien Sie ruhig!«

Allmählich begriff sie ihre Lage. Digby war auf der Flucht und zog sie mit. Warum war sie überhaupt mitgegangen? Er mußte sie irgendwie betäubt ... Plötzlich besann sie sich auf die Spritze, die er ihr gegeben hatte, und rieb instinktiv ihren Arm.

Digby sah diese Bewegung und erriet ihre Gedanken.

Sie stand auf und wollte den Raum verlassen, aber er war vor ihr an der Tür und zog sie heftig zurück.

»Wenn Sie schreien ...«

»Ich werde nicht schreien!« sagte sie kalt.

Sie blieb auch ganz ruhig, als die spitze Nadel wieder in ihren Arm drang.

Am Nachmittag kam Villa zu Besuch, den Digby Groat telegrafisch bestellt hatte.

»Nun«, fragte Digby, »ist alles in Ordnung?«

»Alles ist aufs beste vorbereitet. Ich habe die drei Leute, die Sie brauchen – Bronson, Fuentes und Silva. Bronson wird auf dem Feld in der Nähe von Rugby sein. Ich sagte ihm, daß er eine Notlandung vorschützen soll.«

Bronson war ein ehemaliger Armeeflieger, der den Dienst unter sonderbaren Umständen quittiert hatte.

»Gut. Hören Sie zu. Ich werde in der Verkleidung einer alten Frau hinfahren, zunächst jedenfalls, um die Leute hier irrezuführen. Ein Wagen muß eine Meile vor der Station warten, und Fuentes muß mit einer roten Signallampe den Zug zum Stehen bringen. Wenn ihm das gelungen ist, soll er sich aus dem Staube machen. Inzwischen habe auch ich den Zug verlassen. Ich kenne Rugby und seine Umgebung sehr gut. Aus dieser Karte hier können Sie alles Nähere ersehen.« Er reichte Villa ein Blatt Papier. »Der Wagen muß am Ende der Straße halten, die ich mit einem großen D markiert habe. Ist das Haus in guter Verfassung?«

»Sieht ziemlich verfallen aus.«

»Schlechter als Kennett Hall kann es auch nicht sein. Für unsere Zwecke genügt es. Sie können das Mädchen dort die Nacht über versteckt halten und am Morgen nach Kennett Hall bringen. Dort werde ich euch erwarten. Morgen nachmittag, kurz vor Sonnenuntergang, sind wir auf See.«

»Und Bronson?«

»Bronson muß abgefunden werden, überlassen Sie das nur mir.«

»Wie kommen Sie denn nach Kennett Hall?«

»Das können Sie ebenfalls mir überlassen.« Digby runzelte die Stirn. »Warum sind Sie auf einmal so neugierig? Ich fahre in der Nacht mit dem Wagen hin.«

»Warum nehmen Sie dann das Mädchen nicht mit?« fragte Villa hartnäckig.

»Weil sie auf sicherem Weg dorthin gelangen soll und weil ich zuerst abklären muß, ob wir nicht beobachtet werden. Wenn etwas nicht stimmt, müssen wir verschwinden, bevor sie uns festhalten können. Ich bin vor Tagesanbruch in Kennett Hall und werde alles selbst erkunden. Ich kann niemandem als mir selbst vertrauen. Und was noch wichtiger ist – ich kenne die Leute, die mich überwachen. Haben Sie nun verstanden?«

»Vollkommen. Wie steht es aber mit der Auszahlung?«

»Ich habe das Geld hier.« Digby klopfte auf seine Brusttasche. »Sie werden keinen Grund haben, sich zu beklagen. Doch – wir sind noch nicht über den Berg.«

## 34

Die fürchterlichen Kopfschmerzen erschienen Eunice Weldon unerträglich. Kaum konnte sie den Kopf vom Kissen heben. Sie mußte den ganzen Tag in einem Dämmerzustand gelegen haben. Das Nachdenken schmerzte sie so, daß sie zufrieden war, ruhig liegen zu können. Einige Male fiel ihr Digby Groat ein, aber jedesmal verwirrte sich die Erinnerung, sie verwechselte ihn mit Jim Steele und konnte die beiden nicht mehr voneinander unterscheiden. Im Augenblick kümmerte sie sich nicht weiter darum, sie wußte nur, daß sie lag, Ruhe hatte, das genügte ihr vollauf. Dann hatte sie dunkel die Empfindung, in den rechten Arm gestochen worden zu sein. Die entsetzlichen Kopfschmerzen wurden immer stärker, als ob ihr glühende Nägel ins Gehirn getrieben würden. Sie ertrug es nicht mehr und stöhnte laut auf.

Eine Stimme in ihrer Nähe fragte ängstlich:

»Haben Sie Schmerzen?«

»Mein Kopf –«, murmelte sie, »es ist schrecklich.«

Gleich darauf fühlte sie, daß jemand sie um den Nacken faßte, sie stützte und ihr ein Glas an den Mund hielt.

»Trinken Sie das!«

Sie schluckte etwas Bitteres und verzog das Gesicht.

»Das hat schlecht geschmeckt«, sagte sie.

»Sprechen Sie nicht.«

Digby war sehr erschrocken über den Zustand, in dem er sie fand, als er von seiner Erkundungsfahrt zurückkehrte. Sie sah furchtbar blaß aus, ihr Atem ging schwer, und ihr Puls war so schwach, daß er ihn kaum wahrnehmen konnte. Er hatte diesen Zusammenbruch befürchtet.

Es beruhigte ihn, als er jetzt sah, wie allmählich wieder etwas Farbe in ihr wachsbleiches Gesicht kam. Auch der Puls wurde stärker.

Bald nachdem sie die Medizin genommen hatte, fühlte sich Eunice von den Schmerzen befreit. Der Wechsel vollzog sich so rasch, daß es ihr wie ein Wunder erschien und sie mit großer Dankbarkeit erfüllte. Dann fiel sie in Schlaf.

Digby seufzte erleichtert und machte sich wieder an seine Arbeit. Es war eine angenehme Beschäftigung. Die ganze Tischplatte bedeckten Päckchen mit Fünftausenddollarnoten. Es war ihm gelungen, die ganzen Guthaben der Dreizehn von der Bank abzuheben und in amerikanische Dollars umzutauschen. Es wäre verfänglich gewesen, in Brasilien englische Banknoten zu wechseln, falls die Nummern der Scheine durchgegeben würden.

Als er das Geld gezählt hatte, steckte er es in einen Gürtel mit vielen Taschen, schnallte ihn um und verkleidete sich für die Reise. Eine graue Perücke machte ihn vollständig unkenntlich.

Kurz vor acht Uhr erwachte Eunice wieder. Außer einem peinigenden Durst fühlte sie kein weiteres Mißbehagen. Eine kleine Lampe auf dem Waschtisch erhellte den Raum nur spärlich. Sie trank lange und gierig aus dem großen Glas, das sie auf dem Tischchen neben dem Bett fand. Das erste, was ihr auffiel, war ein schönes Gesellschaftskleid mit silbernen Spitzen, das über der Stuhllehne hing. Gleich darauf entdeckte sie, an ihr Kopfkissen geheftet, eine Karte. Sie war grau – doch entsprach die Tönung nicht ganz jener anderen Karte, die sie in der ersten Nacht in Digbys Haus gefunden hatte. Eunice las die Botschaft, ohne sie gleich zu verstehen, aber dann begann ihr Herz wild zu schlagen.

›Ziehen Sie die Kleider an, die Sie hier finden. Wenn Sie meinen Rat genau befolgen, kann ich Sie vor einem schrecklichen Schicksal bewahren. Ich komme zu Ihnen, aber Sie dürfen nichts zu mir sagen. Wir werden nach Norden fahren, um Digby Groat zu entkommen.‹

Unter diesen Zeilen – der Abdruck einer blauen Hand! Eunice zitterte an allen Gliedern. Allmählich kamen die Ereignisse der letzten Tage in ihr Gedächtnis zurück. Sie befand sich in der Gewalt Digby Groats, und die geheimnisvolle Frau in Schwarz wollte sie befreien. Es erschien ihr unglaublich, wunderbar. Sie erhob sich und wäre beinahe wieder zurückgesunken, ihre Füße trugen sie kaum. Sie klammerte sich an den Tisch. Langsam begann sie, sich anzukleiden.

Sie vergaß ihren furchtbaren Durst, ihre Schwäche. Mit zitternden Händen legte sie das schöne Kleid an, schlüpfte in die seidenen Strümpfe und Schuhe. Warum nur hatte die schwarze Frau ein solch auffallendes Kleid gewählt, wenn sie doch fürchten mußte, von Digby Groat entdeckt zu werden? Aber Eunice konnte nicht zusammenhängend denken und nahm sich vor, ihrer Befreierin blind zu folgen. Sie ordnete das Haar vor dem Spiegel und sah erschrocken ihr Gesicht. Tiefe, schwarze Ringe lagen um ihre Augen; sie sah aus, als ob sie schwer krank sei.

Wie gut, daß Jim sie jetzt nicht sehen konnte. Die Erinnerung an Jim belebte sie wieder. Sie hatte ihn beleidigt, und was hatte er nicht alles für sie getan. Sie dachte an die letzte Begegnung mit ihm, als er ihr sagte, daß sie die Tochter von Lady Mary sei. Das konnte doch nicht wahr sein! Und doch hatte es Jim gesagt, und deshalb mußte es stimmen. Sie wollte über alles nachdenken, aber es fiel ihr zu schwer. Erinnerungen, Gedanken, Zweifel, Fragen und Vermutungen wirbelten in ihrem Kopf durcheinander. Lady Mary Danton ihre Mutter! Also auch die Frau, die damals in Jims Wohnung gekommen war –.

Plötzlich hörte sie ein Klopfen an der Tür und erhob sich. War es Digby Groat?

»Treten Sie ein!« rief sie schwach.

Die Tür ging auf, aber niemand trat ein. Eine verschleierte Frau in schwarzen Kleidern stand auf dem Treppenabsatz vor der Tür und winkte.

»Wohin wollen wir gehen?« fragte Eunice. »Ich danke Ihnen, ich danke Ihnen tausendmal für alles ...«

Die Frau antwortete nicht, sie ging die Treppe hinunter voraus. Eunice folgte ihr. Draußen war es dunkel, Nacht, es regnete, die Nebenstraße lag verlassen da, nur ein Taxi stand vor dem Haus. Die Frau öffnete die Wagentür und stieg nach Eunice ein.

»Fragen Sie nichts!« flüsterte sie. »Hier ist ein Cape, nehmen Sie es um.«

Eunice fühlte sich sicher. Vielleicht erwartete Jim sie irgendwo. Wo mochte Digby Groat sein, und wie war es dieser Frau gelungen, ihn zu umgehen? Sie legte die Hände an die Schläfen. Sie mußte warten, Geduld haben. Sie würde alles noch erfahren – und Jim wiedersehen!

Die beiden Herren, die sich für den abfahrtbereiten Abendzug interessierten, der nach Norden ging, fanden nichts Ungewöhnliches an einer jungen Dame im Gesellschaftskleid, die von einer älteren Frau in Trauer begleitet wurde. Der Detektiv auf dem Bahnsteig musterte jeden Herrn, der eine Dame begleitete, argwöhnisch, nur das junge Mädchen und seine Begleiterin, die in einem reservierten Abteil Platz nahmen, beobachtete er nicht.

In ihrer Unruhe hatte an diesem Tag Lady Mary verschiedene Posten und Sperren aufgesucht und war bei der Überwachung einiger Zugsabgänge behilflich gewesen. Soeben war sie auch nach Euston gekommen und ging nun mit einem Detektiv von Scotland Yard den ganzen Bahnsteig entlang. Sie sah das Mädchen im Abendkleid, aber es gelang ihr nicht, einen Blick auf das Gesicht zu werfen.

»Heute abend gehen keine weiteren Züge von hier ab«, stellte der Beamte fest.

Drinnen im Abteil flüsterte die schwarze Frau Eunice zu:

»Setzen Sie sich in die Ecke, schauen Sie nicht hinaus! Groat stellt uns nach, er ist auf dem Bahnsteig.«

In diesem Augenblick hörten sie den schrillen Pfiff der Lokomotive. Langsam fuhr der Zug aus der Halle.

»Kann ich jetzt einmal hinausschauen?« fragte Eunice.

Kaum hatte sie durchs Fenster gesehen, schrie sie auf.

»Dort!« schrie sie wild. »Dort steht Mrs. Fane – nein, meine Mutter, Lady Mary!«

Sie wurde sogleich zurückgerissen.

»Setzen Sie sich!« rief eine haßerfüllte Stimme. Der Vorhang wurde vor das Wagenfenster gezerrt.

Eunice wußte, daß es Digby Groat war, noch bevor sie in sein gelbes Gesicht starrte.

## 35

Das Erkennen auf dem Bahnsteig war gegenseitig gewesen. Lady Mary hatte das bleiche Gesicht und die weitaufgerissenen Augen nur eine Sekunde lang sehen können, dann war der Wagen an ihr vorbei. Im ersten Moment stand sie wie gelähmt.

»Sehen Sie – dort! Halten Sie den Zug an!«

Der Detektiv sah sich um, aber kein Beamter war in der Nähe. Schnell eilte er zur Sperre, Lady Mary blieb dicht hinter ihm, doch konnte er niemanden finden, der genügend Autorität besaß, um etwas zu unternehmen.

»Ich will den Stationsvorsteher suchen«, rief er. »Können Sie inzwischen telefonieren?«

An der Sperre befand sich eine Telefonzelle.

Lady Marys erster Gedanke galt Jim.

Er saß in seinem Zimmer, als das Telefon läutete. Müde hob er ab.

»Eunice befindet sich im Zug nach Norden, der soeben Euston verlassen hat«, teilte ihm Lady Mary mit. »Wir versuchen, den Zug in Willesden aufhalten zu lassen, aber ich fürchte, es wird uns nicht gelingen. Um Gottes willen, Jim, unternehmen Sie etwas zu ihrer Rettung!«

»Wie lange ist der Zug schon fort?«

»Kaum eine Minute.«

Er warf sofort den Hörer hin, riß die Tür auf und rannte die Treppe hinunter. Blitzartig fiel ihm etwas ein, und sein Entschluß war gefaßt. Zwei Stockwerke tiefer gab es ein Drahtseil, einzementiert in die Hausmauer, das quer über das Bahngeleise zu einem anderen Häuserblock hinübergespannt war. Dort drüben, jenseits der Schienen, hing eine Straßenlaterne an dem Kabel. Vom Treppenhausfenster aus müßte er das Drahtseil erreichen können. Er riß das Fenster auf. Da – gleich seitlich unter dem Fenster die Verstrebung. Aus dem Tunnel kam dumpf der Pfiff der Lokomotive. Die Züge fuhren hier der Steigung wegen etwas langsamer. Er kauerte auf dem Sims, packte das Seil und schwang sich hinaus. Es schwankte und senkte sich bedenklich. Hand über Hand arbeitete er sich gegen die Mitte. Zu seiner

Bestürzung tauchten schon die Lichter der Lokomotive in der Tunnelöffnung auf. In größter Eile hangelte er weiter. Die Maschine keuchte und war schon vorüber, als er den Schienenstrang erreichte. Ein paar Sekunden, jetzt war er über dem Zug angelangt, er mußte die Beine hochziehen, um nicht gegen die Wagendächer zu schlagen. Kurz entschlossen ließ er sich los. Die Fahrgeschwindigkeit bewirkte, daß er flach aufschlug und in Gefahr war, vom gewölbten Dach herabzurutschen, doch bekam er einen Ventilator zu fassen, konnte sich ein wenig hochziehen und mit den Knien anstemmen. Gleich darauf lief der Zug in den zweiten Tunnel ein. Er drückte sich noch rechtzeitig wieder platt aufs Dach. Qualm und Rauch nahmen ihm den Atem. Er hatte den richtigen Zug erreicht, davon war er überzeugt. Keuchend und mit aller Kraft hielt er sich fest, als die Lokomotive die Geschwindigkeit steigerte.

Als sein Wagen aus dem Tunnel donnerte, setzte gerade Regen ein. Ein starker Platzregen ging nieder, so daß er in kürzester Zeit bis auf die Haut durchnäßt war. Würde Lady Mary Erfolg haben und den Zug in Willesden zum Stehen bringen? Doch das Tempo ging nicht zurück, sondern vergrößerte sich im Gegenteil noch immer, als sie sich der Station näherten.

Hart und stoßweise ratterten die Wagen über die Schienen. Jim wurde bald auf die eine, bald auf die andere Seite geworfen. Das Dach war vom Regen ganz glatt geworden. Er mußte sich nun auch mit den Beinen an einem Ventilator festklammern. So gelang es ihm einigermaßen, sich überhaupt oben zu halten.

Unendlich lang dauerte die Fahrt. Sie schien kein Ende nehmen zu wollen. In einiger Entfernung tauchten viele Lichter auf. Allmählich fuhr der Zug langsamer, sie näherten sich Rugby. Plötzlich hielt er mit einem heftigen Ruck an. Jim verlor das Gleichgewicht, wurde vom Dach geschleudert und fiel in einen Wassergraben.

# 36

Für Eunice Weldon war diese Fahrt eine entsetzliche Qual. Sie verstand jetzt alles. Digby Groat hatte zu dieser List gegriffen, weil er wußte, daß sie der schwarzen Frau sofort folgen würde. Anders hätte er sie nur schwer aus der Stadt hinausgebracht, denn sicher suchte man schon überall nach ihr, und es wäre ihr vielleicht gelungen, sich bemerkbar zu machen; sie aber in ihrem Zustand nochmals zu betäuben hatte er nicht gewagt.

Die Vorhänge waren zugezogen. Er rauchte eine Zigarette.

»Wohin bringen Sie mich?« fragte sie.

»Fassen Sie sich in Geduld, bis wir ankommen.«

Nur dieser eine Wagen, der lediglich auf kurzen Strecken verkehrte und in Rugby abgehängt werden sollte, hatte keinen durchgehenden Seitengang. Digby brauchte also nicht zu befürchten, daß sie während der Fahrt gestört wurden. Einige Male sah er prüfend zur Decke hinauf. Auch Eunice hatte Geräusche über sich gehört, als ob etwas aufs Dach gefallen wäre. Digby hatte darauf das Fenster geöffnet und sich hinausgelehnt, aber den Kopf, naß vom Regen, gleich wieder zurückgezogen.

»Eine scheußliche Nacht!« sagte er und schleuderte die Zigarette auf den Boden.

Sie haßte und fürchtete ihn noch mehr in seiner grotesken Verkleidung. Was mochte er jetzt vorhaben? Sie überlegte rasch. Der Zug mußte bald anhalten, und auf dem Bahnsteig warteten bestimmt schon Beamte, um den Zug zu durchsuchen. Lady Mary hatte sie am Abteilfenster erkannt und gewiß alles zu ihrer Rettung unternommen. Lady Mary, ihre Mutter, auf die sie sogar eifersüchtig gewesen war! Sie mußte lächeln, und Digby Groat, der sie beobachtete, fragte nervös: »Worüber lächeln Sie? Sie glauben wohl, daß man Sie in Rugby befreien wird?«

»Rugby?« wiederholte sie. »Hält der Zug dort?«

»Sie bringen es fertig«, erwiderte er grinsend, »dauernd Informationen aus mir herauszuholen! Ja, der Zug hält in Rugby. Wir sind gleich dort.« Er sah auf die Uhr, öffnete die Damenhandtasche, die zu seiner Verkleidung paßte, und nahm das schwarze Kästchen heraus. Eunice erschrak.

»Nein, nicht –«, bat sie, »bitte, tun Sie es nicht!«

»Schwören Sie, daß Sie keinen Versuch machen, zu schreien oder die Aufmerksamkeit der Leute auf sich zu lenken?«

»Ja, ja – ich verspreche es Ihnen!«

Sie hoffte immer noch, daß die Beamten vorbereitet wären und sie ohnehin erkennen würden.

»Gut, ich will das Risiko auf mich nehmen, obwohl es töricht ist, Ihnen zu trauen.«

Sie atmete auf, als er das Kästchen in die Tasche zurücksteckte. Der Zug verlangsamte die Fahrt merklich und hielt dann plötzlich mit einem so heftigen Ruck an, daß sie beinahe von ihrem Sitz geschleudert wurde.

»Ist ein Unglück passiert?«

»Ich glaube nicht.« Digby brachte sein Kleid und den schwarzen Hut in Ordnung, ließ das Fenster hinunter und schaute in die Nacht hinaus. Er hörte die Rufe des Zugpersonals und sah Signallampen. Schnell öffnete er die Tür und sah sich nach Eunice um.

»Kommen Sie heraus!« befahl er scharf.

Sie stand erschrocken auf.

»Wir sind doch noch nicht auf dem Bahnsteig?«

»Kommen Sie sofort – erinnern Sie sich an Ihr Versprechen!« Er half ihr vom Trittbrett herunter, faßte sie am Arm, sie stolperten die Böschung hinab, gerieten in hohes Gras. Es regnete mit ungewöhnlicher Heftigkeit. Schuhe und Strümpfe waren bereits vollständig durchnäßt. Man konnte kaum einen Meter weit sehen, aber Digby schien den Weg zu kennen. Er fluchte, weil er sich in seinem Kleid verfing, hielt einen Augenblick an, lauschte – nichts, nur der Regen.

»Ich hätte darauf geschworen, daß da noch jemand durch den Morast ging. Kommen Sie, dort drüben steht der Wagen.«

Sie durchquerten die Wiese, wateten durch sumpfiges Feld.

Als Eunice zurückschaute, sah sie, daß der Zug weiterfuhr, und sie wunderte sich, warum er gerade an dieser Stelle gehalten hatte. Sie verlor einen Schuh und warf auch den andern fort. Die Sohle war so aufgeweicht, daß sie leichter in Strümpfen ging.

Ein Lichtschimmer. Sie erreichten einen festen Weg, der sie

nach einigen Schritten auf eine Fahrstraße brachte. Dort erwartete sie ein Wagen. Digby schob Eunice hinein, sprach leise mit dem Fahrer und stieg ebenfalls ein.

»Verfluchter Regen! Aber ich will mich nicht beklagen, er hat unsere Flucht begünstigt.« Er tastete nach den Zigaretten, sie fielen zu Boden, er leuchtete mit der Taschenlampe. »Wo haben Sie Ihre Schuhe?«

»Ich habe sie auf dem Feld verloren.«

»Verdammt, warum haben Sie das getan? Sie wollten wohl eine Spur zurücklassen?«

»Seien Sie nicht unvernünftig, Mr. Groat. Es waren doch nicht meine Schuhe, also kann ja auch niemand darauf kommen, daß ich sie getragen habe.«

Er antwortete nicht. Zusammengekauert saß er in seiner Ecke. Regen, Dunkelheit. Nach einer Viertelstunde hielt der Wagen vor einem einsamen Haus.

Aus dem Hausflur schlug ihnen ein dumpfer Geruch entgegen.

»Haben Sie Feuer gemacht?« fragte Digby über die Schulter zurück den Fahrer.

»Jawohl, im hinteren Zimmer. Ich dachte mir schon, bei dem Regen ...«

»Machen Sie auch im andern Kamin Feuer.«

Digby stieß eine Tür auf. Das flackernde Kaminfeuer war das einzige Licht im Zimmer. Gleich darauf brachte der Fahrer eine Lampe.

Digby bot einen traurigen, ja lächerlichen Anblick. Die graue, durchnäßte Perücke hing ihm tief ins Gesicht, das schwarze Kleid war über und über mit Schlamm und Schmutz bespritzt.

Eunice befand sich in keinem besseren Zustand, sie fror und zitterte, trat zum Feuer und rieb sich die Hände.

Digby ging aus dem Zimmer, sie hörte ihn draußen leise sprechen. Der Mann, mit dem er sich unterhielt, war nicht der Fahrer. Sie überlegte, wo sie diese Stimme schon gehört hatte, und nach einer Weile kam es ihr in den Sinn. Es war der Mann, den sie und Jim damals aus dem Haus am Grosvenor Square, als sie sich auf den Stufen vor der Haustür verabschiedeten, hatten heraustreten sehen.

Digby kam mit einem Handkoffer zurück.

»Sie müssen sich jetzt umziehen, hier finden Sie alles, was Sie brauchen.« Er stellte den Koffer ab und zeigte auf ein Bett in der Zimmerecke. »Wir haben keine Handtücher hier, aber vielleicht können Sie eins der Bettücher verwenden, um sich abzutrocknen.«

»Ihre Sorge ist geradezu rührend«, sagte sie verächtlich und wartete, bis er das Zimmer verließ.

Die Tür war nicht verschließbar. Sie stellte einen Stuhl unter die Türklinke, entkleidete sich rasch und nahm das Bettuch, um sich trockenzureiben.

Die Fenster waren vergittert. Die Einrichtung des Zimmers bestand nur aus einer Bettstelle und einem Stuhl. Die Tapete hing in Fetzen von den feuchten Wänden. Die Asche war schon lange nicht mehr aus dem Kamin geräumt worden, und ein stikkiger Geruch verursachte Übelkeit.

An Entkommen war nicht zu denken. Die Zimmertür wurde bestimmt bewacht. Trotzdem wollte sie sich vergewissern, sobald die Geräusche im Haus verstummten.

Als sie auf den dunklen Gang hinausging, trat sie auf Villas Hand, der dort schlief. Fluchend richtete er sich auf.

»Brauchen Sie etwas, Miss?«

»Nein, nichts.« Sie ging ins Zimmer zurück.

Hoffnungslos! Sie mußte warten, was ihr der Morgen bringen würde. Obwohl sie wach bleiben wollte, legte sie sich hin. Die Müdigkeit, die Wärme im Zimmer überwältigten sie. Sie glaubte nur einige Minuten geschlafen zu haben, als sie aufwachte. Villa stand mit einer großen Tasse Kakao vor dem Bett.

»Es tut mir leid, daß ich Sie schon stören muß. Leider kann ich Ihnen keinen Tee anbieten.«

»Wie spät ist es?«

»Fünf Uhr. Der Regen hat aufgehört. Wir haben gutes Flugwetter.«

»Flugwetter?«

»Ja, ein kleiner Flug steht uns bevor.« Villa freute sich über den Eindruck, den seine Eröffnung machte.

## 37

Vergeblich mühte sich Jim Steele ab, aus dem Wassergraben, in den er gefallen war, herauszukommen. Der Boden war so morastig, daß er darin steckenblieb. Nahe daran, das Bewußtsein zu verlieren, bekam er endlich eine Baumwurzel zu fassen. Mit verzweifelter Anstrengung zog er sich hoch, lag eine Weile erschöpft auf den Knien im Regen und rang nach Atem.

Die beiden müssen auch hier in der Nähe sein! dachte er und hörte gleich danach, kaum zehn Meter entfernt, Digby Groats Stimme: »Bleiben Sie an meiner Seite!«

»Das will ich tun«, murmelte Jim für sich und schlug die Richtung ein, aus der die Stimme gekommen war. Sehen konnte er niemanden. Der Zug fuhr wieder weiter, und der Lärm übertönte jedes andere Geräusch.

Jim arbeitete sich durch den Morast, kam auf den Feldweg, sah das Schlußlicht des Wagens auf der Straße. Nun hörte er auch deutlich die Schritte der beiden, er lief schneller, um sie womöglich einzuholen, bevor sie den Wagen erreichten. Doch als er auf die offene Straße kam, fuhr das Auto eben davon. Er wollte es anhalten, versuchen, einen Reifen zu treffen, er zog den Revolver, zielte und drückte ab. Aber der Schuß ging nicht los. Der Sturz ins Wasser hatte die Waffe verdorben.

Der Wagen entfernte sich rasch. Jim lief hinterher, seine Glieder schmerzten, aber er war ein guter Läufer, und durch die Bewegung wurde er warm, der Krampf in den Gliedern löste sich. Ruhig und gleichmäßig lief er weiter, nicht zu schnell, um sich nicht zu verausgaben.

Nach einer halben Stunde sah er vor sich das Schlußlicht des Autos. Es setzte sich soeben wieder in Bewegung. Warum hatte es angehalten? Eine Panne? Oder hatte es vor einem Haus gehalten? Groat besaß ja überall Schlupfwinkel.

Ein Haus! Jim ging vorsichtig näher und hörte, wie jemand nach der Zeit fragte. Er konnte die beiden Männer, Villa und Bronson, nicht sehen. Erst als er noch näher trat, tauchten die schattenhaften Umrisse des einen vor ihm auf. Er stand mit dem Rücken zu ihm und rauchte. Der Regen hatte aufgehört.

Nach einer Weile rief jemand:
»Bronson!«
Der Name kam Jim bekannt vor.
Der Mann ging schnell zum Haus. Jim hörte eine leise Unterhaltung, von der er nichts verstehen konnte, und schlich näher ans Haus heran. Ein kleiner Vorbau wölbte sich über der Haustür. Hier standen die beiden Männer.
»Ich werde im Gang schlafen«, sagte Villa mit tiefer Stimme. »Wenn Sie wollen, können Sie im andern Zimmer übernachten.«
»Nein, danke«, erwiderte Bronson, »ich will bei der Maschine bleiben.«
Was meinte er mit der ›Maschine‹? Hatten sie noch ein anderes Auto hier in der Nähe?
»Wird ihr der Regen nicht schaden?« fragte Villa.
»Nein, ich habe den Motor zugedeckt.«
»Und Groat – fährt er die ganze Nacht hindurch?«
»Wahrscheinlich. Die Straßen sind sehr schlecht.«
Beide rauchten, und Jim beneidete sie darum.
»Wo ist Fuentes?« fragte Bronson. »Er sollte doch auch hier sein.«
»Ist auf Posten in Rugby. Er hat eine Leuchtpistole bei sich und sollte uns warnen, wenn etwas schiefgegangen oder ein Polizeiwagen ausgerückt wäre.«
»Und werden wir keine Schwierigkeiten haben, Villa? Ich meine – mit ihr.«
»Bestimmt nicht. Ist vermutlich noch nie geflogen und hat entsetzlich Angst.« Er lachte. »Nun, wenn Sie sich nicht hinlegen wollen, Bronson, ich wenigstens will es tun. Sie können ja inzwischen hier draußen aufpassen.«
Villa steckte sich noch eine Zigarette an, und Jim konnte die beiden im Lichtschein einen Augenblick sehen. Bronson trug Fliegerkleidung, Lederjacke, Lederhose und hohe Stiefel.
Die erwähnte Maschine war also ein Flugzeug. Eunice befand sich hier und sollte irgendwohin geflogen werden. Jim überlegte, was er tun könnte. Nach Rugby gehen und die Polizei informieren wäre riskant und zeitraubend gewesen, zudem trieb sich dort Fuentes herum, der Alarm geben könnte. Er dachte an

Bronson, an dessen Größe und Figur, die er sich bei dem kurzen Lichtschein eingeprägt hatte. Das brachte ihn auf einen Einfall.

Villa gähnte.

»Ich lege mich jetzt in den Gang, und wenn sie versuchen sollte, das Haus zu verlassen... Na, gute Nacht, wecken Sie mich um halb fünf!«

Bronson spazierte nun allein auf und ab. Zehn Minuten verstrichen, eine Viertelstunde, eine halbe Stunde. Man hörte die Regentropfen von den Bäumen fallen und ab und zu das ferne Rattern der Züge, die durch Rugby fuhren.

Im Norden sah man die weißen Lichter der Eisenbahnstation und der Werkstätten. Im Westen konnte man am hellen Schein, der sich über den Himmel zog, die Lage von London erkennen. Jim zog den Revolver aus der Tasche, schlich gebückt näher und schnellte dann, wie aus dem Boden geschossen, vor Bronson hoch. Er hielt ihm den Lauf ins Gesicht.

»Wenn Sie einen Laut von sich geben, knalle ich Sie nieder! Verstanden?« Jim packte ihn mit der linken Hand am Kragen.

Bronson war ein eher ängstlicher Mann, nur die Luft hatte für ihn keine Schrecken.

»Wo ist der Kasten?« fragte Jim leise.

»Was wollen Sie von mir? Wer sind Sie? Wie kommen Sie hierher?«

»Fragen Sie nicht soviel auf einmal! Wo ist der Kasten?«

»Auf dem Feld hinter dem Haus.«

»Los, geradeaus – nicht hier!« befahl Jim, als Bronson auf das Haus zugehen wollte.

»Wir müssen über den Zaun klettern, wenn wir nicht am Haus vorbeigehen«, erwiderte Bronson mürrisch.

»Dann klettern Sie über den Zaun, das wird Ihnen guttun.«

Sie gingen querfeldein. Die Umrisse des Flugzeuges tauchten auf.

»Ausziehen!« fuhr Jim den entsetzten Bronson an.

»Was fällt Ihnen ein? Ich kann mich hier doch nicht ausziehen!«

»Das geht sehr gut – vor allem leichter und rascher, als wenn ich einem Toten die Kleider ausziehen muß.«

Widerwillig knöpfte Bronson die Lederjacke auf.

»Werfen Sie sie nicht ins nasse Gras! Ich will endlich was Trockenes zum Anziehen!«

Eine rasche Bewegung Bronsons nach der Hüfttasche – Jim packte ihn gleichzeitig am Handgelenk, riß ihn herum und entwand ihm die Waffe.

»So. Nun aber los – ziehen Sie Hosen und Stiefel aus!«

Der drohend vorgehaltene Revolver veranlaßte Bronson, sich zu entkleiden. Er schüttelte sich vor Kälte, seine Zähne klapperten. Die Kleider, die Jim ihm hinüberreichte, waren noch nicht trocken.

»Ich werde mich erkälten!«

»Keine Sorge – eine Erkältung wird es nicht sein, woran Sie sterben!«

Jim ging mit seinem Gefangenen weiter abseits; an einer trokkenen Stelle hinter einer Hecke, wo er nicht mehr gesehen werden konnte, band er ihm die Hände auf dem Rücken zusammen, fesselte seine Füße und bewachte ihn so, bis der Himmel heller wurde. Dann steckte er Bronson ein Taschentuch als Knebel in den Mund und verschwand, um Villa zu wecken.

Mit einer Verwünschung schoß Villa hoch.

»Kommen Sie nachher herein und trinken Sie Kakao!«

»Bringen Sie ihn mir lieber hinaus!« rief Jim, schon wieder unter der Haustür, zurück. Er zog die Schutzbrille über die Augen und ging vor dem Haus auf und ab, wie Bronson es gestern abend getan hatte. Verstohlen nahm er die Pistole aus dem Lederetui, das er sich umgeschnallt hatte, und untersuchte sie. Sie war nicht geladen.

Nach einer Weile rief Villa, der den Kakao brachte:

»Hallo! Sie sind ja schon fertig zum Start?« Er gähnte.

»Stellen Sie die Tasse einfach hin!« antwortete Jim. Er trank den Kakao in einem Zug aus, stapfte quer über die Felder zum Flugzeug und nahm die wasserdichte Decke vom Motor. Er untersuchte die Maschine und drehte den Propeller ein paarmal durch.

## 38

Auch Eunice hatte ihren Kakao ausgetrunken und wartete. Sie fühlte sich ein wenig wohler, nur noch sehr müde. Die Auswirkungen der Spritzen hatten ganz aufgehört. Digby schien irgendwohin vorausgefahren zu sein, und sie war froh, daß sie ihn jetzt wenigstens nicht sehen mußte. Was würde dieser Tag bringen?

Villa kam herein.

»Sind Sie fertig, Miss?«

Er trug einen schweren Mantel, hatte einen pelzgefütterten Helm auf und sah mit seinem Bart wie ein Russe im Winterpelz aus. Sie wunderte sich, daß er an einem so warmen Morgen so dick angezogen war, doch half er auch ihr in einen ebenso schweren Mantel.

»Kommen Sie!« Er führte sie zum Flugzeug.

Jim, der seinen Platz auf dem Fliegersitz schon eingenommen hatte, wandte sich halb um – Eunice! Villa führte sie am Arm. Sie sah sehr vorteilhaft aus.

»Steigen Sie ein!« Villa stützte ihr den Arm beim Einsteigen und half ihr auf einen der beiden hinteren Sitze. »Ich werde den Propeller anwerfen!« sagte er zum Piloten und ging nach vorn.

Jim, dessen Gesicht die große Schutzbrille fast ganz verdeckte, nickte. Er durfte sich nicht mehr umdrehen.

Die Motoren setzten mit großem Getöse ein. Als sie ruhiger liefen, schrie Jim in dem immer noch beträchtlichen Lärm:

»Schnallen Sie die Dame fest!«

Villa kletterte flink zu seinem Sitz hinauf. Jim wartete, bis der Lederriemen um Eunice befestigt war, dann brachte er die Motoren auf Touren. Es war eine ideale Abflugstelle. Die Maschine rollte über die Wiesen, steigerte von Sekunde zu Sekunde ihre Geschwindigkeit, Jim zog das Höhensteuer an – das Stoßen hörte auf, das Flugzeug erhob sich in die Luft.

Eunice war noch nie in ihrem Leben geflogen. Für einen Augenblick vergaß sie ihre gefährliche Lage ganz. Sie hatte das Gefühl, als ob nicht das Flugzeug sich von der Erde erhöbe, sondern die Erde unter ihr wegsänke.

Sie hoben sich immer höher und höher. Villa war darüber höchst erstaunt. Bronson kannte doch den Weg nach Kennett Hall, er mußte sich nicht erst aus der Höhe orientieren.

»Herrlich!« rief Eunice aus.

Doch Villa hatte kein Auge für die Schönheit der Gegend. Er konnte sich mit dem Piloten nur durch das Bordtelefon verständigen. Jim hatte den Hörer um den Kopf geschnallt. Nach einer Weile hörte er Villa fragen:

»Worauf warten Sie eigentlich noch – Sie kennen doch den Weg?«

Jim nickte. Den Weg nach London kannte er wohl – wenn er erst einmal die Eisenbahnlinie gesichtet hätte.

Eunice schaute erstaunt auf die weite Fläche, die wie ein Schachbrett da unten lag. Weiße und blaue Linien und Bänder zogen darüber hin, es mußten Wege und Kanäle sein, und die grünen und braunen Flecke waren Felder und Weiden. Kleine Wolken, wie Schleier zwischen ihnen und der Erde... Das Verhalten ihres Begleiters schreckte sie aus ihrer versunkenen Betrachtung auf. Sie sah ihn von der Seite an. Er war rot im Gesicht und brüllte etwas in die Muschel, das sie bei dem ohrenbetäubenden Lärm der Motoren nicht verstehen konnte. Sie sah nur, daß der Pilot nickte und die Maschine nach rechts steuerte. Villa schien darüber befriedigt, denn er ließ sich in seinen Sitz zurücksinken.

Ganz langsam wandte sich die Spitze des Flugzeugs wieder südwärts. Lange Zeit bemerkte Villa es nicht. Erst als er die Stadt vor sich sah, schrie er von neuem ins Mikrophon.

»Fliegen Sie nach rechts, Bronson! Sind Sie verrückt? Haben Sie völlig den Verstand verloren?«

Das Manöver begann von vorne. Aber Villa war nun auf der Hut, sein Ton wurde drohend.

»Was ist mit Ihnen los, Bronson?«

»Nichts. Ich weiche nur einer gefährlichen Luftströmung aus.«

Villa glaubte immer noch, daß Bronson am Steuer sitze.

Jim flog jetzt konstant nach Westen. Er hätte Bronson nach dem Ziel fragen sollen. Daß aus seiner Unkenntnis Schwierigkeiten entstehen könnten, daran hatte er nicht gedacht. Er wollte unbedingt nach London fliegen. Noch einmal versuchte er abzudrehen.

»Gehorchen Sie jetzt, oder...« brüllte ihm Villa ins Ohr. Jim spürte die Pistole auf seiner Schulter. Er drehte den Kopf zurück.

Eunice, die den Vorfall fassungslos beobachtete, erkannte ihn und stieß einen Schrei aus.

Villa sprang auf und beugte sich vor.

»Steele!« schrie er und hielt ihm die Pistole an den Kopf. »Befolgen Sie sofort meine Befehle! Halten Sie rechts, Richtung Oxford, das Sie links liegenlassen, bis ich Ihnen sage, wo Sie landen sollen!«

Jim blieb nichts anderes übrig, als diesen Weisungen zu folgen. Es wäre für alle Teile wohl besser gewesen, wenn er nach London hätte fliegen können – aber da Villa es nicht anders wollte ... Es ging hart auf hart. Jim wandte sich halb in seinem Sitz um, schaute Eunice an und lächelte ihr ermutigend zu. Zugleich warf er einen prüfenden Blick auf die Lederriemen, mit denen sie angeschnallt war, und streifte flüchtig auch Villa. Nun wußte er alles. Er mußte warten, bis die Pistole hinter seinem Kopf endlich verschwand.

Sie flogen über Oxford hinweg, das sich mit seinen grauen Häusermassen von der grünen Umgebung abhob. Ein feiner Dunstschleier lag über der Stadt. Doch Jims Aufmerksamkeit war jetzt durch einen Maschinendefekt in Anspruch genommen, einer der Motoren setzte aus. Villa brüllte ihm einen neuen Kurs, mehr westlich zu. Der Motor setzte wieder ein. Die Schwierigkeit schien behoben zu sein, das Flugzeug lag gut in der Luft. Jim schaute nochmals zurück. Villas Pistole steckte zwischen den Knöpfen seiner Lederjacke. Jetzt konnte er nicht länger warten.

Eunice, die die Gegend unter sich bestaunte, fühlte plötzlich, wie sich die Spitze des Flugzeugs senkte, als ob sie zur Erde niedergingen. Sie hatte keine Angst, wunderte sich nur, daß die Maschine plötzlich wieder stieg, und zwar so schnell und schwindelerregend, daß der Himmel nach unten zu sinken schien. Die Lederriemen spannten sich um ihren Körper an, und als sie nach unten schauen wollte, erblickte sie nur Wolken. Es ging blitzschnell, sie hatte den Eindruck, daß rechts von ihr Bewegung entstand, ihr Begleiter seltsame Verrenkungen machte – instinktiv schloß sie die Augen. Als sie sie wieder öffnete, war Villa verschwunden. Jim hatte im Sturzflug eine senkrechte Schleife gezogen, und Villa, der nicht angeschnallt war, verlor den Halt und sauste kopfüber in die Tiefe.

Jim wandte sich zu Eunice um. Sie sah, daß er in das umgeschnallte Mikrophon sprach. Mit zitternden Händen nahm sie den Apparat neben sich auf. Irgend etwas Schreckliches hatte sich ereignet. Sie konnte nicht mehr in die Tiefe sehen, sie fürchtete, ohnmächtig zu werden.

»Was ist geschehen?« fragte sie.

»Villa ist mit dem Fallschirm abgesprungen«, log er zu ihrer Beruhigung.

»Jim, wie sind Sie hierhergekommen?«

»Das erkläre ich Ihnen später«, rief er zurück.

Der eine Motor setzte wieder aus, diesmal endgültig. An einen Flug nach London war nicht mehr zu denken. Er hatte auch zuviel Höhe verloren, um sich noch eine Landungsstelle aussuchen zu können, und hielt Ausschau, wo er niedergehen könnte. Wenn er allein gewesen wäre, hätte er nicht gezögert, auf einem der Felder direkt unter ihnen zu landen. Einige Kilometer weiter vorn dehnte sich eine riesige grüne Fläche aus. Es könnte ein Flugplatz sein, dachte Jim. Es erwies sich jedoch nur als große Rasenfläche.

Er stellte den verbliebenen Motor ab und ging im Gleitflug nieder. Leicht setzten die Räder auf der Erde auf. Er hob Eunice aus dem Flugzeug. Sie zitterte trotz des dicken Mantels. Sie standen im hohen Gras, es war ein wunderbares Gelände, vielerlei Blumen blühten und strömten Düfte aus.

»Scheint unbewohnt zu sein.« Jim zeigte auf das große Haus, zu dem der Boden, auf dem sie standen, offenbar gehörte. »Ich möchte wissen, was für ein Landsitz das ist!«

Sie kamen über eine breite Terrasse, erreichten die Front des Gebäudes. Jim schaute in die große, halbverfallene Halle.

»Ich will einmal nachsehen«, rief er zurück und verschwand.

Er öffnete eine Tür, die nach links in ein Zimmer führte, das unmöbliert war und wie die Halle alle Zeichen des Verfalls aufwies. Er kehrte um, öffnete eine zweite Tür – auch dieser Raum sah ähnlich wie der erste aus.

»Ist jemand hier?« Er drehte den Kopf, ihm war, als hätte er Eunice gehört, die draußen auf der Terrasse geblieben war. »Haben Sie gerufen, Eunice?« Seine Stimme hallte durch das verlassene Haus.

Es kam keine Antwort. Er ging hinaus. Eunice war verschwunden. Er eilte bis zur Brüstung, weil er dachte, sie sei vielleicht zum Flugzeug zurückgegangen. Nichts – keine Spur von ihr. Laut rief er ihren Namen. Nur das weithin schwingende Echo antwortete ihm. Er rannte zur Haustür zurück, trat ein.

Er hörte ein Sausen hinter sich, wandte sich halb um, als etwas Schweres seine Schulter traf. Eine Sekunde lang taumelte er, dann stürzte er auf den Mann zu, schlug ihm die Faust ins Gesicht.

Im gleichen Augenblick spürte Jim, wie eine Schlinge über seinen Kopf flog, auf die Schultern fiel, sich um seinen Hals spannte – er fiel zu Boden und rang nach Atem.

## 39

Nachdem Jim die Halle betreten hatte, um sich in dem verlassenen Haus umzusehen, war Eunice bis zum Ende der Terrasse gegangen. In den Anblick der Landschaft versunken, lehnte sie sich über die zerbrochene Balustrade. Dünne Dunstschleier lagen noch über der Gegend, in der Ferne zeichneten sich Wälder als violette Schatten ab. Blaugrauer Rauch stieg aus den Schornsteinen der Landhäuser. Die Sonne spiegelte sich in einem unruhigen Bach, der sich wie ein glitzerndes Band durch die smaragdgrüne Landschaft zog.

Jemand berührte sie leicht an der Schulter; sie dachte, es sei Jim.

»Ist der Anblick nicht herrlich?« fragte sie schwärmerisch.

»Wirklich wunderschön, aber nicht halb so lieblich wie Sie ...«

Beim Ton dieser Stimme hätte sie umsinken mögen. Sie stieß

einen Schrei aus, schoß herum und starrte in Digby Groats Gesicht.

»Wenn Sie Steeles Leben retten wollen«, sagte Digby leise, dringend, »dann sollten Sie jetzt nicht schreien – begreifen Sie?«

Er faßte ihren Arm, schnell führte er sie über die Terrasse ins Haus und schob sie in ein Zimmer, in dem ein kräftiger Mann, der ein Seil in der Hand hielt, stand.

»Warten Sie, Masters, wir werden ihn schon kriegen, wenn er zurückkommt«, flüsterte Digby.

Man hörte Jims Schritte, der in die Halle zurückkam. Plötzlich entstand ein Tumult. Eunice öffnete die Lippen, doch bevor sie einen Schrei ausstoßen konnte, preßte Digby seine Hand auf ihren Mund.

»Denken Sie daran, was ich Ihnen gesagt habe!«

Sie hörten einen Schrei. Xavier Silva, von Jims Faust getroffen, stieß ihn aus. Zuvor hatte er sich von hinten an Jim herangeschlichen und ihm einen schweren Stock auf die Schulter niederschmettern lassen.

Masters eilte in die Halle, Digby folgte ihm. Jim stand mit dem Rücken zur offenen Tür. Digby gab Masters ein Zeichen. Der Strick sauste durch die Luft, schlang sich um Jims Hals, riß ihn mit einem Ruck zu Boden. Das Gesicht wurde dunkelrot, seine Hände zerrten an der Schlinge. Vielleicht wäre er erstickt, wenn Eunice nicht dazugekommen wäre. Starr vor Schrecken war sie herbeigestürzt, kniete nieder, stieß Masters zur Seite und löste mit aufgeregten Fingern die Schlinge.

»Sie gemeiner Schuft!« schrie sie haßerfüllt.

Einen Augenblick später stand Digby neben ihr und riß sie hoch. »Binden Sie ihn!« befahl er lakonisch.

Er hatte mit dem sich heftig zur Wehr setzenden Mädchen alle Hände voll zu tun. Sie kämpfte erbittert, schlug ihm mit den Händen ins Gesicht und versuchte verzweifelt, sich aus seinem Griff zu befreien.

»Sie rabiater Teufel!« keuchte er, packte sie an den Handgelenken und stieß sie gegen die Mauer. Sein Gesicht war blutig und zerkratzt.

»Lassen Sie meine Hände los!« rief sie wild. Aber sie kam nicht lange auf gegen ihn, der Atem ging ihr aus, ihre Kraft versagte. »Wohin bringen Sie Jim? Was haben Sie vor mit ihm?«

»Erklären Sie mir erst einmal, was heute morgen eigentlich passiert ist!«

Sie antwortete nicht.

»Wo ist Villa?«

Sie schwieg.

»Nun gut, wenn Sie nicht sprechen wollen – wir werden schon ein Mittel finden, das den jungen Mann veranlaßt, uns zu erzählen, was vorgefallen ist.«

»Sie wollen ihn zwingen?« fragte sie verächtlich. »Sie beurteilen alle Männer nach sich selbst, und . . .«

»Reden Sie keinen Unsinn«, fuhr er sie an. »Sie scheinen zu vergessen, daß ich . . .«

»Nein, ich habe nicht vergessen, was Sie sind«, erwiderte sie wegwerfend, zornig. »Sie sind ein Dieb und Verbrecher, der andere Diebe und Verbrecher anstellt, die die Gefahr auf sich nehmen müssen – Sie aber stecken den Löwenanteil in die Tasche. Sie sind ein besonders gefährliches und niederträchtiges Exemplar! Sie machen Experimente und verstehen gerade so viel von Medizin und Chirurgie, um wehrlose Frauen betäuben und Tiere quälen zu können. Ich habe Sie durchschaut!«

Eine ganze Weile konnte er nicht sprechen. Sie hatte ihn tödlich beleidigt, mit instinktiver Sicherheit an der verletzlichsten Stelle getroffen. Er war weiß bis in die Lippen geworden.

»Er wird noch um Gnade winseln! Und Sie – strecken Sie die Hände aus!« schrie er sie an, riß die Krawatte vom Hals und band ihre Hände zusammen. Dann packte er sie an den Schultern, gab ihr einen Stoß, so daß sie in eine Ecke taumelte. »Ich komme später, um mich mit Ihnen zu beschäftigen!« rief er drohend, bevor er hinauslief.

In der Halle wartete, augenscheinlich in großer Sorge, Masters auf ihn.

»Wohin haben Sie ihn gebracht?«

»In den Ostflügel, ins Zimmer des früheren Hausmeisters. Aber, Mr. Groat, ist es nicht gefährlich, was wir da tun?«

»Was soll das heißen?« fuhr Digby auf.

»Ich habe mich nie zuvor mit dergleichen befaßt«, erwiderte Masters. »Kann man uns deswegen nicht belangen?«

»Darum brauchen Sie sich nicht zu kümmern. Sie werden gut dafür bezahlt.« Groat wollte weggehen, aber Masters hielt ihn zurück.

»Gut bezahlt schon, aber vor dem Gefängnis retten kann mich das nicht. Ich bin aus einer guten Familie und noch nie mit dem Gesetz in Konflikt gekommen. Ich bin wohlbekannt hierzulande, niemand kann auf mich zeigen und mir nachsagen, daß ich etwas getan hätte, worauf Gefängnis steht.«

»Sie sind ein Narr! Habe ich Ihnen nicht gesagt, daß der Kerl mit meiner Frau durchbrennen wollte?«

»Nichts haben Sie davon gesagt, daß sie Ihre Frau ist«, antwortete Masters mißtrauisch. »Sie trägt auch keinen Trauring, das habe ich gleich gesehen. Und dieser Silva hatte kein Recht, mit dem schweren Stock auf ihn einzuschlagen – er hätte ihn umbringen können.«

»Nun ist es aber genug, Masters! Kümmern Sie sich nicht um Dinge, die Sie nicht verstehen. Ich sage Ihnen noch einmal, Steele ist ein Schurke, der mit meiner Frau durchbrannte und mein Geld gestohlen hat. Meine Frau ist nicht ganz normal, ich will sie mit auf eine Seereise ...« Er brach ab. »Es wird ihr guttun. Auf alle Fälle ist Steele ein Schurke!«

»Warum liefern Sie ihn dann nicht der Polizei aus?« fragte Masters, der der ganzen Geschichte nicht traute. »Das scheint mir in diesem Fall das Richtige zu sein, Mr. Groat. Sie werden sich einen schlechten Namen machen, wenn es herauskommt, daß Sie ihn so schlecht behandelt haben.«

»Ich habe ihn schlecht behandelt? Sie waren es doch, der ihm den Strick um den Hals zog.«

»Ich wollte doch nur ... Außerdem hatten Sie mir den Auftrag gegeben.«

»Solche Aussagen müssen Sie vor Gericht erst beweisen. Passen Sie einmal auf, Masters – der einzige, der bisher ein Verbrechen begangen hat, sind Sie!«

»Ich? Ich habe nur Ihren Befehl ausgeführt!«

»Das glaubt Ihnen kein Richter!« Digby wußte wohl, daß er auf diese Weise Masters einschüchtern konnte. Er klopfte ihm vertraulich auf die Schulter. »Nun gehen Sie, bringen Sie der jungen Dame etwas zu essen. Wenn irgendwas schiefgehen sollte, sorge ich dafür, daß Sie glimpflich davonkommen. Hier, nehmen Sie das!« Er zog ein Bündel Banknoten aus der Tasche, nahm zwei davon und drückte sie dem Mann in die Hand. »Es sind Fünfundzwanzigpfundnoten, mein Freund! Vergessen Sie nicht, sie möglichst bald in kleines Geld umzuwechseln.«

»Ich weiß nicht, was meine Frau von alledem halten wird«, brummte Masters. »Wenn ich ihr sage . . .«

»Sie sind ein Dummkopf, wenn Sie ihr überhaupt etwas sagen! Verdammt noch mal – verstehen Sie denn nicht, was ich Ihnen sage?«

## 40

Um drei Uhr nachmittags hielten zwei Herren in einem Taxi vor dem schmiedeeisernen Tor von Kennett Hall. Als ihnen niemand öffnete, stiegen sie über die Mauer und kamen auf das Haus zu.

Digby sah sie von weitem und ging ihnen auf der Zufahrtsstraße entgegen. Er begrüßte Bronson, der in Begleitung des Spaniers Fuentes war.

Gleichzeitig, wie aus einem Munde, fragten Bronson und Groat:

»Wo ist Villa?«

Zu dritt begaben sie sich in das Zimmer im Ostflügel, in dem Jim mit gefesselten, an den Leib gebundenen Händen und fest verschnürten Fußgelenken, keiner Bewegung fähig, lag. Trotz seiner ziemlich aussichtslosen Lage hatte er sich bereits einen Plan ausgedacht, den er ausführen wollte, sobald er annehmen konnte, daß man ihn nicht mehr beobachtete.

Eine Stunde war vergangen, als die Tür aufgerissen wurde und die drei eintraten. Bronson sah in Jims Kleidern, die ihm etwas zu groß waren, geradezu lächerlich aus. Jim grinste.

»Hat man Sie schon entdeckt, Bronson?«

»Wo ist Villa?« fuhr ihn Bronson an.

»Das kann ich Ihnen wirklich nicht sagen. Ich bin auf Vermutungen angewiesen.«

»Wo ist er?« fragte Digby.

»In der Hölle.«

»Wollen Sie damit sagen, daß er tot ist?«

»Das vermute ich stark. Wir waren etwa fünftausend Fuß hoch, als ich vor lauter Freude, wieder einmal ein Flugzeug in der Hand zu haben, einen Sturzflug mit senkrechter Schleife riskierte. Ich glaube, Villa hatte die nötigen Vorsichtsmaßnahmen außer acht gelassen – jedenfalls war er nicht mehr da, als ich mich umschaute. Er flog selbständig durch die Luft...«

»Der verdammte Hund hat ihn umgebracht!« zischte Bronson.

»Halten Sie den Mund!« herrschte ihn Digby an. »Wir wissen, was wir wissen wollen. – Wo haben Sie ihn abgeworfen?«

»Hier irgendwo in der Gegend. Selbstverständlich an einer abgelegenen Stelle, damit er keinen Schaden mehr anrichten konnte.«

Die drei verließen den Raum, ohne daß ein weiteres Wort fiel. Digby Groat hatte noch Geschäfte abzuwickeln und neue Anordnungen zu treffen. Da Villa tot war, mußte er Bronson ins Vertrauen ziehen. Und die beiden Spanier, Silva und Fuentes, verlangten die Auszahlung ihrer Anteile. Es war unangenehm, ließ sich aber nicht mehr aufschieben. Groat hatte gehofft, daß sie seinen Versicherungen Glauben schenken und warten würden, doch sie mißtrauten ihrem Anführer. Er konnte sich nicht davor drücken. Bronson dagegen, der Villas Funktionen übernehmen mußte, wollte er am Ende doch noch um den Lohn betrügen, ebenso wie er die übrigen Mitglieder der Bande zu prellen beabsichtigte.

Zunächst gab Digby den Spaniern Auftrag, das Flugzeug zu prüfen.

Jim hörte in seinem Verlies das Surren der Propeller. Vergeblich mühte er sich ab, die Hände freizubekommen. Bald verstummte das Propellergeräusch wieder. Xavier Silva, ein tüchtiger Mechaniker, hatte den Zylinderdefekt rasch entdeckt.

Sie bringen den Motor in Ordnung, dachte Jim. Das dauerte eine Weile, und er würde noch etwas Zeit haben. Er vernahm Schritte auf der Terrasse. Sie verhallten.

Digby hatte Bronson ins Dorf geschickt, um vorsichtig nach dem Schicksal Villas zu forschen.

Merkwürdigerweise war den drei Männern, die das Flugzeug an diesem Morgen von der Terrasse aus gesichtet hatten, Villas Sturz entgangen. Zwar waren sie Zeugen des Sturzflugmanövers gewesen, aber Digby dachte, daß es sich um eine Kapriole Bronsons handelte, mit der er dem Mädchen Eindruck machen wollte. Villas Leiche mußte in der nächsten Umgebung liegen.

Digby Groat schloß gerade die Tür des Zimmers, in das er Eunice gesperrt hatte, auf, als Bronson von seinem Erkundungsgang ins Dorfgasthaus zurückkam.

»Nun? Etwas Neues?« fragte er gespannt.

»Sie haben Villas Leiche gefunden. Es ist schon ein Zeitungsreporter im Gasthaus.«

»Weiß man, wer er ist?«

»Ja.«

»Was? Woher kennt man seinen Namen?«

»Man hat ein Papier in seiner Tasche gefunden – eine Quittung über die Kaufsumme einer Jacht.«

Digby stand unter der offenen Tür, und Eunice sah, wie er zusammenzuckte.

»Wie? Dann weiß man also von der Jacht?«

Diese Nachricht verwirrte ihn völlig und regte ihn maßlos auf. Wenn die Polizei von der Jacht erfuhr, türmten sich unüberwindliche Schwierigkeiten auf. Unter diesem Schock verlor er gänzlich den Kopf, rang die Hände, schimpfte und gab zusammenhanglose Befehle, die er widerrief, kaum waren sie ausgesprochen.

»Drehen Sie Steele das Genick um!« brüllte er. »Töten Sie ihn, Bronson! Dieses Biest! Nein, nein, bleiben Sie hier, machen Sie das Flugzeug fertig – wir fliegen heute abend!« Er drehte sich zu Eunice um und starrte sie an. Mit Ihnen rechne ich noch ab!«

Die Tür wurde zugeschlagen, der Schlüssel umgedreht. Sie blieb allein. Später hörte sie wieder das Propellergesumm.

Ihr Mut sank. Auf einer Jacht also sollte sie entführt werden. Im Grunde hatte sie, ganz gegen ihre Absicht, Digbys Pläne unterstützt, als sie zugab, die Erbin des Dantonschen Vermögens zu sein. Ihre einzige Hoffnung blieb Jim, der wahrscheinlich ganz in der Nähe und genau wie sie gefangengehalten wurde.

Währenddem verlor Digby keine Zeit. Er schickte Silva mit dem Auto zur Küste, um dem Kapitän des ›Pealigo‹ eine Botschaft zu überbringen. Das Schiff sollte sich bereit halten und ihn noch heute abend an Bord nehmen. Wenn Bronson in Küstennähe eine grüne Leuchtkugel abschoß, sollte auf der Jacht ebenfalls ein grünes Licht aufleuchten und sofort ein Boot klargemacht werden, um sie aufzufischen.

Kaum war Silva weg, erinnerte er sich, daß er dem Kapitän genau die gleichen Befehle schon gegeben hatte und daß außerdem der Spanier die Jacht unmöglich heute abend noch erreichen konnte.

Andere Vorbereitungen hatte Digby schon vorher, noch in besserer Verfassung, getroffen – drei Schwimmwesten waren ausprobiert und Leuchtpistolen, Landungsfackeln und sonstige Nachtflugutensilien im Gepäckraum der Maschine verstaut worden.

Bronson war jetzt beim Flugzeug und vollauf mit der Reparatur beschäftigt, denn der Motor mußte noch zusammengesetzt und kontrolliert werden.

Digby Groat ging vor dem Hause auf und ab und rauchte eine Zigarette nach der anderen. Fuentes trat zu ihm.

»Glauben Sie, daß man durch die Auffindung von Villas Leiche auf uns aufmerksam wird?«

»Wie kann ich das wissen?« wimmelte ihn Groat ab. »Kommt es darauf an? In einer Stunde sind wir fort.«

»Sie, ja – aber ich nicht! Ich habe kein Flugzeug, das mich außer Landes bringt. Xavier hat auch keins, aber er ist besser dran, er ist bereits weg, und zudem hat er das Auto. Können Sie mich nicht mitnehmen?«

»Ausgeschlossen«, wehrte Digby gereizt ab. »Heute abend kommen sie bestimmt nicht mehr. Regen Sie sich also nicht auf! Bis morgen früh jedoch können Sie über alle Berge sein.«

»Was soll mit dem Mann da drüben geschehen?« Fuentes zeigte nach dem Ostflügel, wo Jim gefangensaß.

Digby kam ein Gedanke. Vielleicht konnte er diesem treuen, stets zuverlässigen Helfershelfer einen letzten Auftrag erteilen.

»Natürlich, Fuentes, Sie haben recht. Nur von diesem einen Mann droht uns Gefahr. Er kann uns alle vernichten. Dabei weiß niemand außer Ihnen und mir, daß er hier ist.«

»Und außer diesem Engländer«, ergänzte Fuentes.

»Masters weiß überhaupt nichts. Sagen Sie doch selbst – wozu sollten wir diesen Mann am Leben lassen, wenn er doch nur gegen uns aussagen würde?«

Fuentes' dunkle Augen blinzelten.

»Dann töten Sie ihn doch, Mr. Groat! Das heißt, ich weiß nicht einmal, ob ich es zulassen würde. Denn Sie gehen weg – ich bleibe zurück. Soll ich etwa mit der Leiche aufgefunden werden? Nein, mir graust vor englischen Gefängnissen. Und meinen Kopf mag ich auch nicht riskieren. Ich fürchte mich genauso wie Sie!«

Digby wandte sich verärgert ab.

### 41

Zur gleichen Zeit hatte Jim Steele ein akrobatisches Meisterstück vollbracht, zu dem etwas von der Gewandtheit eines Schlangenmenschen gehörte. Rutschend und scheuernd, den Kopf gegen die Mauer gestemmt, brachte er es langsam und beharrlich zustande, seine Füße auf den Boden zu stellen.

Der Abend brach schon herein. Nach dem Motorengeräusch zu schließen, war die Reparatur fast beendet. Digby Groat würde nun wohl bald aufbrechen. Jim hüpfte vorsichtig zum Fenster und lauschte. Draußen regte sich nichts. Er wartete, bis Bronson die Motoren wieder aufdrehte, und drückte dann mit den Ellenbogen eine Glasscheibe ein. An den Glassplittern, die noch im Fensterrahmen saßen, rieb er den Strick, mit dem seine Hände zusammengebunden waren, durch. Die Hände wurden dabei rot und schwollen an; er hatte keine Kraft mehr in den Handgelenken und mußte sie erst eine Zeitlang massieren.

Nachdem er einmal die Hände frei hatte, war es eine Kleinigkeit, mit den Glassplittern auch die Fußfesseln zu durchschneiden. Doch wie sollte er nun aus dem fest verriegelten Zimmer herauskommen? Die Fensterläden waren geschlossen und mit vorgelegten Eisenstangen gesichert. Durch die Ritzen drang kein Lichtschimmer mehr herein, es wurde Nacht.

Als einzige Möglichkeit blieb die Tür. Er horchte am Schlüsselloch – nichts, kein Geräusch. Er wußte, daß das Flugzeug bald starten würde. Der Gedanke machte ihn wahnsinnig. Unter Mißachtung aller Vorsicht warf er sich mit der Schulter gegen die Türfüllung. Sie widerstand. Auch die Tritte mit den schweren Stiefeln, die er sich erst wieder anziehen mußte, da man sie ihm von den Füßen gezerrt hatte, richteten nichts aus.

Von draußen kam ein Laut, bei dem ihm der Herzschlag aussetzte. Eunice schrie schrill auf. In blinder Wut warf er sich pausenlos gegen die Tür. Sie rührte sich nicht. Draußen entstand Lärm, ein Ruf – er lief zum Fenster, lauschte.

»Die Polizei kommt!« schrie Fuentes. – Danach blieb alles still.

Jim wischte sich mit dem Ärmel den Schweiß von der Stirn und blickte umher. Der alte eiserne Rost des Kamins fiel ihm in die Augen, er packte das schwere Gerät und donnerte es zweimal gegen die Tür. Endlich gab sie nach. Er zwängte sich durch die zertrümmerte Füllung und eilte aus dem Haus.

Als er vom Seitenflügel her auf die Terrasse bog, setzte das Motorengetöse ein, das plötzlich von einem Schuß übertönt wurde. Er sprang über die Balustrade, lief durch den Garten und sah gerade noch, wie sich die Maschine in die Luft erhob und am dunklen Himmel verschwand.

Aus dem hohen Gras in der Nähe des Startplatzes erhob sich ein Arm und sank kraftlos wieder hinab. Jim kniete neben Fuentes nieder.

»Er hat mich – niedergeschossen«, röchelte er. »Ich – wollte nur...«

Er lebte noch, als die Polizei kam. Später traf auch Septimus Salter ein.

»Sie sehen ganz verstört aus, mein Freund«, sagte er. »Wollen Sie sich nicht hinlegen und etwas schlafen?«

»Ich darf jetzt nicht schlafen. Erzählen Sie – was steht in der Zeitung? Warum wußte man, daß es sich um Villa handelte?«

Salter berichtete, daß man in Villas Tasche die Quittung gefunden habe.

»Es scheint, daß er auf Groats Veranlassung die Jacht des Brasilianers Maxilla kaufte – den ›Pealigo‹ . . .«

»Dann ist er zum Schiff geflogen! Wo liegt die Jacht?«

»Das habe ich auch schon herauszubringen versucht, aber niemand weiß es. Sie hat Le Havre vor ein paar Tagen mit unbekannter Bestimmung verlassen. Wenn sie einen britischen Hafen angelaufen hat . . . Alle Hafenbehörden benachrichtigen Lloyds sofort über jedes Schiff, ganz gleich, ob es eine Jacht, ein Passagier- oder ein Frachtdampfer ist. Wir können ja eine Radiomeldung durchgeben lassen.«

»Sicher ist er zu der Jacht geflogen«, wiederholte Jim. »Bronson wird auf dem Wasser niedergehen und die Maschine versenken. Eine sehr einfache Sache, mit keinerlei Gefahr verbunden, wenn die Passagiere mit Schwimmwesten versehen und nicht festgeschnallt sind. Es ist scheußlich . . .« Unruhig ging er auf und ab. »Würden Sie etwas dagegen haben, wenn ich mich für ein paar Minuten zurückziehe? Ich muß allein sein, um nachdenken zu können.« In der Tür drehte sich Jim noch einmal um. »Um keine Zeit zu verlieren, Mr. Salter – haben Sie irgendwelchen Einfluß bei der Admiralität? Ich möchte, daß man mir ein Wasserflugzeug zur Verfügung stellt.«

Der Rechtsanwalt machte ein nachdenkliches Gesicht.

»Vielleicht ließe sich das arrangieren. Ich will mich sofort telefonisch mit dem Ersten Lord der Admiralität in Verbindung setzen.«

Während Salter telefonierte, wollte sich Jim eine Kleinigkeit zum Essen besorgen. In der Halle stieß er auf einen Polizeisergeanten und den verhafteten Masters.

»Ich wußte, daß er mich noch hineinziehen würde«, jammerte der Hausverwalter. »Ich habe eine Frau und drei Kinder! Noch nie habe ich mir etwas zuschulden kommen lassen. Können Sie nicht ein Wort für mich einlegen, Sir?«

Jim war nicht in der Verfassung, sich über diese Unverschämtheit zu amüsieren.

»Ich werde nur bestätigen können, daß sie mich zu strangulieren versuchten! Ich zweifle sehr, daß es als Empfehlung für Sie aufgefaßt wird.«

»Aber ich schwöre Ihnen doch, daß ich das nicht beabsichtigte«, rief Masters aufgeregt. »Er befahl mir, die Schlinge zu werfen. Der Strick sollte über Ihre Schulter fallen und die Arme fesseln. Es war nur ein Mißgeschick ... Und wie konnte ich wissen, daß die Dame nicht seine Frau ist? Er erzählte mir, sie sei mit Ihnen durchgebrannt.«

»Das hat er Ihnen erzählt?«

»Jawohl, Sir. Ich sagte noch zu ihm, daß die Dame keinen Trauring trage, aber er beteuerte, daß er mit ihr verheiratet sei und sie auf eine Seereise mitnehmen werde.«

»Eine Seereise?«

»Ja. Er sagte auch, daß sie nicht ganz richtig im Kopf wäre, und eine Seereise würde ihr gut bekommen.«

Jim bohrte noch eine ganze Weile, um weitere Informationen zu bekommen, doch Masters wußte überhaupt nichts über das Schiff oder den Hafen, in dem es liegen könnte. Es war zwecklos und ganz offensichtlich, daß er in Groats Pläne nicht eingeweiht war.

## 42

Eine neue Spritze hatte Eunices Widerstand rasch gebrochen. Sie wehrte sich erst und schrie, als Digby ihren Arm umklammerte und die Nadelspitze ansetzte. Diesen Schrei hatte Jim gehört.

Die Propeller begannen sich langsam zu drehen, als sie zu ihren Sitzen hinaufstiegen.

»Ich weiß, daß Sie noch Platz haben! Bestimmt haben Sie Platz!«

Digby schaute in das verzerrte Gesicht des Spaniers.

»Fuentes, ich habe Ihnen vorhin schon gesagt, daß kein Platz mehr ist! Sie müssen sehen, wie Sie wegkommen!«

»Nehmen Sie mich mit! Ich muß mit – anders kann ich nicht mehr fliehen!«

Zum Schrecken Digbys klammerte er sich verzweifelt an den Rand der Sitze. Jede Sekunde erhöhte die Gefahr, entdeckt, aufgehalten zu werden. Er griff zur Pistole.

»Lassen Sie los, oder ich erschieße sie!«

Fuentes, völlig von Sinnen, ließ nicht los.

Von der Straße klang Stimmengewirr. Von Panik ergriffen, schoß Digby. Er sah, wie Fuentes niederstürzte, und schrie Bronson zu:

»Los!«

Danach saß er zusammengesunken, wie eingeschrumpft da. Sein Gesicht war verzogen, schief, als ob er einen Schlaganfall erlitten hätte. Starr, gelähmt hatte Eunice den Vorfall verfolgt.

Sie befanden sich schon in der Luft, als Digby Groats Gehirn allmählich wieder zu funktionieren begann. Furcht vor den Konsequenzen seiner Tat packte ihn. Er, der so geschickt alle Spuren vertuscht, der stets seine Freunde und Verbündeten in Gefahr gebracht hatte, um selbst sicherzugehen, trat in diesem Augenblick die tödliche Flucht vor dem Henker an. Und die Frau hier an seiner Seite hatte alles gesehen. Sie würde als Zeugin vor Gericht erscheinen und gegen ihn aussagen.

Nein! Er wollte einfach angeben, daß Bronson den Spanier getötet habe. Das war die beste Verteidigung. Natürlich – Bronson, der ihn jetzt rettete, wollte er die Tat in die Schuhe schieben.

Das Flugzeug lag ruhig im Nachtwind, die Motoren arbeiteten tadellos. Man konnte jetzt das Meer sehen, die Leuchttürme, Lichtgarben, das hellerleuchtete Bristol, den Strom und die Bucht mit unzähligen kleinen Lichtern.

Sie überflogen die nördliche Küste des Kanals von Bristol, drehten, dem Ufer folgend, westwärts, und wandten sich dann scharf nach Süden. Das Land mit seinem Lichtgürtel blieb zurück. Zwanzig Minuten später feuerte Bronson die Signalpistole ab, und sofort kam von der See die Antwort. Digby zog die Schnallen an der Schwimmweste seiner Begleiterin enger und kontrollierte seine eigene.

»Machen Sie auch meinen Schwimmgürtel fest!« rief Bronson durchs Mikrophon.

Digby machte sich lange an Bronsons Ausrüstung zu schaffen und verklemmte unbemerkt den Lederriemen des Sitzes damit.

In langem Gleitflug ging die Maschine in Richtung auf das grüne Licht nieder. Jetzt konnte man die Umrisse der eleganten Jacht erkennen. Grüne und rote Lichter brannten an Bord.

Das Flugzeug beschrieb einen Kreis, kam immer niedriger, stand nur noch einige Meter über dem Meer. Bronson stellte die Motoren ab, die Maschine klatschte aufs Wasser. Sie befanden sich nicht mehr als fünfzig Meter vom wartenden Rettungsboot entfernt.

Das Flugzeug versank rasch, aber sie schwammen auf dem Wasser. Es war ein merkwürdiges, nicht unangenehmes Gefühl, und das Wasser erwies sich als ungewöhnlich warm. Eunice hörte einen Schrei und wandte sich um, doch Digby faßte nach ihrer Hand.

»Bleiben Sie dicht bei mir, sonst verlieren wir uns im Dunkeln.«

Vom Boot, das auf sie zuruderte, flackerte ein Lichtschein auf, der weithin das Wasser beleuchtete, Eunice schaute sich noch einmal um.

»Wo ist der Pilot?«

Bronson war nirgends zu sehen. Digby nahm sich gar nicht die Mühe, zu antworten. Er streckte die Hand aus und packte den Rand des Bootes. In der nächsten Minute wurde auch Eunice hinaufgezogen. Braune Männer saßen in dem Boot. Zuerst dachte sie, es seien Japaner.

»Wo ist Bronson?« fragte sie erregt, doch Digby antwortete nicht. Er saß unbeweglich und vermied es, sie anzusehen.

Bronson war mit dem Flugzeug versunken! Digby hatte den Sicherheitsriemen mit den Bändern der Schwimmweste verwickelt, so daß Bronson auf seinem Sitz angebunden war und nicht mehr davon loskam.

Digby stieg zuerst an Deck und wandte sich um. Eunice übersah die Hand, die er ausstreckte, und ging auf eine weißgekleidete Stewardeß zu, die sie in einer ihr unbekannten Sprache begrüßte. Die Frau führte sie eine Treppe hinunter und durch einen mit Rosenholz getäfelten Gang zu ihrer Kabine. Es war eigentlich ein Luxus-Appartement, bestehend aus Salon, Schlaf- und Badezimmer, und der Prunk der Ausstattung machte trotz allem Eindruck auf sie.

Sie hätte gern gewußt, ob noch eine andere Frau an Bord war. Sie fragte die Stewardeß, die aber kein Englisch verstand und sich wieder zurückzog.

Eunice verriegelte die Tür. Auf dem Bett lagen neue Kleidung und Wäsche ausgebreitet. Sie zog sich um. Zum drittenmal wechselte sie ihre Kleider, seit sie Groats Haus am Grosvenor Square verlassen hatte.

Das Schiff war jetzt in Fahrt. Sie vernahm das Stampfen der Maschinen, spürte das leichte Schaukeln der wenig bewegten See.

Sie war kaum fertig, als sich Digby Groat meldete.

»Wollen Sie mit mir zum Essen nach oben kommen?«

Er benahm sich wie früher, als wäre nichts geschehen.

Sie schrak zurück und wollte die Tür schließen, aber er faßte sie am Arm und zog sie auf den Gang hinaus.

»Sie werden sich vernünftig verhalten an Bord – ich bin der Herr hier und verlange es. Kommen Sie jetzt mit mir in den Speiseraum!«

»Ich will nicht essen.«

»Sie kommen mit mir, ob Sie essen wollen oder nicht!«

Niemand sonst nahm an der Tafel teil. Ein dunkler Steward bediente sie. Das Speisezimmer war gleichfalls aufs prächtigste ausgestattet. Das ganze Schiff glich überhaupt einem Palast in kleinem Maßstab – Kronleuchter, Marmor, Blumen, Seide.

Ein hervorragendes Essen wurde aufgetragen, aber Eunice glaubte, ersticken zu müssen, wenn sie auch nur einen Bissen nähme.

»Essen Sie!« sagte Digby und begann mit der Suppe. Als sie den Kopf schüttelte, kniff er die Augen zusammen. »Wenn Sie sich widerspenstig zeigen wollen, müssen wir einen andern Weg einschlagen.« Er zog den verhaßten schwarzen Kasten aus der Tasche und legte ihn auf den Tisch. »Wenn ich Ihnen eine Spritze gebe ...«

Sie nahm den Löffel und begann zu essen. Er beobachtete sie

spöttisch. Zu ihrem Erstaunen merkte sie, daß sie hungrig war, und lehnte auch die späteren Gänge nicht ab. Nur den Wein, den der Steward für sie eingegossen hatte, wollte sie nicht trinken. Digby drängte sie auch nicht dazu. Er steckte sich, ohne um Erlaubnis zu fragen, eine Zigarre an und lehnte sich im Stuhl zurück.

»Sie sind töricht, Eunice, wirklich – ein wunderbares Leben erwartet Sie, wenn Sie nur vernünftig sein wollten. Schlagen Sie sich diesen Steele, der keinen Penny in der Tasche hat, aus dem Kopf!«

»Sie vergessen, daß ich kein Geld brauche, Mr. Groat. Wenn Sie erst einmal im Gefängnis sitzen, wird mir, was Sie mir vorenthalten wollten, ohnehin zurückerstattet – diese Jacht nicht ausgenommen, wenn sie überhaupt Ihnen gehört!«

»Sie können mich nicht ärgern – ich liebe Ihren Verstand und freue mich, daß Sie die Jacht mögen, auf der wir unsere Flitterwochen verbringen werden.«

Sie erwiderte nichts. Nach einer Weile fragte sie:

»Wohin geht diese Fahrt?«

»Nach Südamerika. Und, falls es Sie interessiert – wir nehmen eine Route, die gewöhnlich nicht genommen wird. Die Seeleute nennen sie die westliche. Sie führt der Küste von Irland entlang und dreht erst etwa tausend Meilen vor Long Island nach Süden. Dadurch können wir vermeiden, von amerikanischen Schiffen gesichtet und erkannt zu werden, und wir vermeiden ebenfalls ...«

Der Mann, der in diesem Augenblick eintrat, mußte, wie Eunice vermutete, der Kapitän sein. Sie fand, daß er wenig vertrauenerweckend aussah. Er war klein und hatte einen lahmen Fuß. Sein ledernes Gesicht und sein steifes, schwarzes Haar bestärkten sie in ihrer Annahme, daß es sich um ein japanisches Schiff handeln müsse.

»Darf ich Ihnen den Kapitän vorstellen?« sagte Digby zu Eunice und fragte den Kapitän auf portugiesisch:

»Was gibt's Besonderes, Kapitän?«

»Wir haben soeben eine Funknachricht erhalten, und ich dachte, daß Sie sie lesen sollten.«

»Ich hatte ganz vergessen, daß wir drahtlose Telegraphie haben«, erwiderte Digby, als er die Nachricht entgegennahm.

›An alle Schiffe, die nach Westen und nach Süden fahren oder nach England zurückkehren: Achten Sie auf die Jacht Pealigo. Funken Sie Lage und Kurs an Polizeiinspektor Rite, Scotland Yard.‹

Eunice verstand nicht, worüber gesprochen wurde, sie sah nur, wie Digby die Stirn runzelte. Vermutlich eine schlechte Nachricht. Und wenn sie für ihn schlecht war, dann war sie gut für sie.
Digby Groat zog sich mit dem Kapitän zurück, und Eunice verließ den Speiseraum.


### 43

Sie kehrte zu ihrer Kabine zurück, schloß die Tür und wollte den Riegel vorschieben. Zu ihrem Entsetzen stellte sie fest, daß er abgeschraubt worden war. Sie fand auch keinen Schlüssel, mit dem sie die Tür hätte abschließen können.

Die ›Pealigo‹ schaukelte jetzt stärker, und sie konnte nur mühsam ihr Gleichgewicht behalten. Trotzdem ging sie in der Kabine umher, nahm alles bewegliche Mobiliar wie Stühle und Tische und türmte es vor der Tür auf. Sie durchsuchte alle Schubladen nach irgendeinem Instrument oder einer Waffe, die der frühere Besitzer vergessen haben könnte, doch außer einer vergoldeten Haarbürste fand sie nichts.

Stunden vergingen. Sie saß in einem Sessel und beobachtete die Tür. Niemand versuchte, ihre Kabine zu betreten. Auf Deck schlug eine Glocke an. Sie zählte acht Schläge. Es war Mitternacht.

Digby Groat saß in diesem Augenblick bleich und zitternd in der Funkkabine und las eine Botschaft, die soeben aufgefangen worden war. Ein Teil war chiffriert und richtete sich wahrscheinlich an die Kriegsschiffe, der größere Teil aber bestand aus einem unverschlüsselten Aufruf.

›An die Kapitäne und Ersten Offiziere aller Schiffe, an die Kommandanten der Schiffe Seiner Majestät, an alle Friedensrichter und Polizeibeamten von Großbritannien und Irland: Verhaften Sie Digby Groat, und setzen Sie ihn gefangen, Größe 1.70, kräftige Gestalt, dunkle Gesichtsfarbe. Kleiner Schnurrbart, möglicherweise entfernt. Spricht Spanisch, Französisch, Portugiesisch. Hat Medizinerexamen bestanden. Befindet sich wahrscheinlich an Bord der Jacht Pealigo. Wird steckbrieflich gesucht wegen Mordes und Bandenverbrechens. Auf seine Ergreifung hat Rechtsanwalt Mr. Salter in London eine Belohnung von fünftausend Pfund ausgesetzt. Vermutlich reist mit ihm Dorothy Danton, die er gefangenhält. Alter zweiundzwanzig. Groat ist bewaffnet.‹

Der kleine Kapitän des ›Pealigo‹ nahm die dünne Zigarre aus dem Mund und betrachtete die graue Asche. Dann blickte er in Groats bleiches Gesicht.

»Sie verstehen, Sir«, sagte er höflich, »ich bin in einer schwierigen Situation.«

»Ich dachte, Sie verstünden kein Englisch«, erwiderte Digby, der endlich die Sprache wiederfand.

Der Kapitän lachte.

»Ich kann genug Englisch, um zu verstehen, was eine Belohnung von fünftausend Pfund bedeutet, Sir! Und selbst wenn ich es nicht verstanden hätte – mein Funker spricht verschiedene Sprachen, auch Englisch, der würde es mir bestimmt erklären.«

»Was wollen Sie tun?«

»Das hängt ganz davon ab, was Sie zu tun für richtig halten. Ich bin kein Verräter, und ich möchte Ihnen gern zu Diensten sein. Aber Sie werden begreifen, daß es eine böse Sache für mich ist, wenn ich Sie bei Ihrer Flucht unterstütze, obwohl ich weiß, daß Sie von der englischen Polizei gesucht werden.« Er zuckte die Achseln. »Ich bin nicht kleinlich. Señor Maxilla hat sich allerhand geleistet, worüber ich ein Auge zugedrückt habe. Es waren allerdings meistens Weibergeschichten – nie Mord . . .«

»Ich bin kein Mörder, das ist ausgemachter Blödsinn!« rief Digby heftig. »Und Sie stehen unter meinem Befehl! Haben Sie mich verstanden?« Er sprang auf, drohend stand er vor dem Brasilianer. In der Hand, die er aus der Tasche zog, blitzte es auf. »Sie werden meine Befehle bis zum allerletzten ausführen oder ...«

Der Kapitän schaute nur auf die Asche seiner Zigarre.

»Es ist nicht das erstemal, daß man mich mit einem Revolver bedroht. Vor Jahren, als ich jünger war, konnte mich das noch aufregen. Heute bin ich nicht mehr jung. Ich habe eine große Familie in Brasilien, die viel Geld kostet. Sonst würde ich mein Leben nicht auf See zubringen und mich dazu erniedrigen, alle Wünsche und Launen meiner Herren zu erfüllen. Wenn ich hunderttausend Pfund hätte, würde ich mir eine Plantage kaufen, seßhaft werden und für den Rest meines Lebens zufrieden und – schweigsam sein.«

Er betonte das Wort ›schweigsam‹, und Digby verstand sehr gut, was er damit sagen wollte.

»Könnten Sie das nicht für etwas weniger als ausgerechnet hunderttausend Pfund tun?«

»Ich habe mir die Sache genau überlegt. Seeleute haben oft Zeit zum Nachdenken. Hunderttausend Pfund sind nun einmal die Summe, die ich brauche, um ein ruhiges Leben führen zu können.« Er schwieg einen Augenblick. »Deshalb ist die ausgesetzte Belohnung auch nicht besonders aufregend für mich. Bei hunderttausend Pfund wäre mein Entschluß gefaßt.«

»Reden Sie offen! Ich soll Ihnen also hunderttausend Pfund zahlen?« fragte Digby wütend. »Das ist der Preis, um den Sie mich sicher ans Ziel bringen – andernfalls wollen Sie zum nächsten Hafen zurückkehren und mich den Behörden übergeben?«

»Ich habe nichts Derartiges gesagt, Sir. Ich habe nur eine private Angelegenheit erwähnt, für die ich Sie gern interessiert hätte. Sie wollen ja auch in Brasilien Ihr Glück versuchen, und zwar mit der schönen Dame. Sie sind nicht arm, und wenn es stimmt, daß die Dame ein großes Vermögen erbt, werden Sie ja noch reicher sein.«

Der Funker, der seinen Platz wieder einnehmen wollte, schaute zur Tür herein. Der Kapitän schickte ihn mit einer Kopfbewegung weg. Er sprach jetzt ganz leise.

»Nehmen Sie einmal an, ich ginge zu der jungen Dame und sagte: ›Mein Fräulein, Sie sind in großer Gefahr – was würden Sie mir dafür zahlen, wenn ich eine Schildwache vor Ihre Tür stellen, Señor Digby Groat in Fesseln legen und in einen sichern Raum sperren ließe?‹ Glauben Sie nicht, daß sie mir dafür hunderttausend Pfund geben würde, vielleicht sogar die Hälfte ihres Vermögens?«

Digby schwieg. Langsam erhob er sich.

»Also gut. Ich zahle Ihnen die Summe.«

»Bringen Sie mir das Geld morgen in meine Kabine. Oder nein – besser heute abend.«

»Ich werde es Ihnen morgen bringen.«

Der Kapitän zuckte die Schultern.


## 44

Digby blieb mit seinen Gedanken allein. Er hatte noch eine, nein, zwei Hoffnungen. Man konnte ihm nicht beweisen, daß er Fuentes erschossen hatte, und es war schwierig, die Jacht aufzugreifen, wenn sie den festgelegten Kurs verfolgte.

Er schlenderte über Deck, stieg die Treppe hinab. Rasch ging er den Rosenholzgang entlang. Ein breitschultriger, brauner Mann stand vor der Tür des Mädchens. Er hob die Hand zum Gruß an die Mütze, als der Besitzer der Jacht erschien, wich aber nicht von der Stelle.

»Machen Sie Platz!« befahl Digby. »Ich will in die Kabine.«

»Das ist nicht erlaubt«, erwiderte der Matrose.

Digby wurde dunkelrot vor Ärger.

»Wer gab Ihnen den Befehl, hier zu stehen?«

»Der Kapitän.«

Digby eilte hinauf und fand den Kapitän auf der Brücke.

»Was soll das bedeuten?«

Der Kapitän sagte etwas auf portugiesisch zu ihm.

Digby schaute auf – ein dünner, weißer Lichtkegel suchte das Meer ab.

»Ein Kriegsschiff«, erklärte der Kapitän. »Möglich, daß es nur eine Übung abhält, aber es könnte auch nach uns Ausschau halten. Wir müssen einen Umweg machen, anders kommen wir hier nicht vorbei.«

Er gab einen kurzen Befehl, und alle Lichter an Bord wurden gelöscht. Die ›Pealigo‹ drehte in einem Halbkreis um und fuhr in der Richtung, aus der sie gekommen war, zurück.

Digby hatte die Wache vor der Kabinentür vergessen. Links und rechts vom Schiff schwankte der Lichtkegel über die Wasserfläche, ohne es zu berühren, und ging manchmal nur wenige Meter daran vorbei. Jetzt traf der Strahl die Stelle, wo die ›Pealigo‹ gewendet hatte.

»Wohin fahren wir jetzt?«

»Zunächst zehn Meilen zurück, später versuchen wir, zwischen dem Schiff und der irischen Küste durchzukommen. Irland liegt dort –« Der Kapitän zeigte auf den Punkt am Horizont, an dem ein Leuchtturm blinkte.

»Wir verlieren aber wertvolle Zeit«, sagte Digby vorwurfsvoll.

»Es ist besser, Zeit zu verlieren als . . .«

Digby hielt sich an der Reling fest. Sein Mut sank, als das Scheinwerferlicht immer näher tastete. Aber sie hatten Glück. Kaum war die Gefahr gebannt, erinnerte er sich daran, warum er überhaupt auf der Kommandobrücke stand.

»Sie haben einen Wachtposten vor die Kabine der Dame gestellt! Was soll das heißen?«

Der Kapitän stand im Deckhaus und beugte sich über eine Seekarte der britischen Admiralität. Er antwortete nicht, und Digby mußte seine Frage wiederholen.

»Die Zukunft der Dame hängt ganz davon ab, wie Sie Ihr Versprechen halten, Sir!« Er richtete sich steif auf.

»Ich habe Ihnen doch gesagt . . .«

»Sie haben das Versprechen aber noch nicht eingelöst.«

»Zweifeln Sie an meinem Wort?«

»Ich zweifle nicht daran. Wenn Sie mir das Geld in meine Kabine bringen, wird die Angelegenheit geregelt.«

Digby dachte einen Augenblick nach. Die Aufregungen und Gefahren, denen er sich gegenübersah, hatten sein Interesse an

Eunice stark vermindert. Es lag eigentlich kein Grund vor,
schon heute nacht zu zahlen. Wenn er gefangengenommen werden
sollte, hatte er das Geld für nichts hinausgeworfen. Der Gedanke,
daß es dann ohnehin verloren wäre, kam ihm gar nicht.

Er ging in seine Kabine, die kleiner und weniger luxuriös als
die von Eunice war, schob einen Armsessel an den Schreibtisch
und setzte sich davor.

### 45

Während Digby Groat in seiner Kabine saß und über seine Lage
und die noch vorhandenen Möglichkeiten nachdachte, hörte
Eunice, daß Schritte sich ihrer Tür näherten. Sie war überzeugt,
daß es Digby sei.

Ein Uhr nachts. Sie sah, wie die Türklinke langsam hinuntergedrückt
wurde, der Türflügel sich einen Spalt öffnete. Weiter
ging es nicht, ohne das Mobiliar, das dahinter aufgebaut war, zu
beschädigen. Eunice wurde steif vor Schrecken, als die Tür noch
etwas weiter aufgedrückt wurde.

»Sie brauchen keine Angst zu haben, Miss!« sagte jemand.
Es war nicht Digby.

Sie sprang auf.

»Wer ist da?«

»Der Kapitän.«

»Was wollen Sie?«

»Ich möchte mit Ihnen sprechen, Miss. Aber Sie müssen erst
diese Dinge da wegstellen, sonst muß ich zwei Matrosen rufen,
für die es eine Kleinigkeit ist, damit aufzuräumen.«

Eunice sah die Nutzlosigkeit ihrer Barrikade ein. Mit einem
Seufzer begann sie, die Möbel wegzuziehen. Der Kapitän trat,
seine Mütze in der Hand, ein und schloß hinter sich die Tür.

»Gestatten Sie, Miss«, sagte er höflich und stellte alles wieder
an seinen Platz. Dann öffnete er nochmals die Tür und schaute
hinaus.

Sie sah, daß draußen ein großer Matrose stand, der ihr den
Rücken zukehrte. Offenbar ein Wachtposten. Sie war gespannt,
was das bedeuten sollte.

Mit fremdländischem Akzent begann ihr der Kapitän auseinanderzusetzen, daß er nur ein armer Seemann sei, der seinen gefährlichen Beruf für elende zweihundert Milreis im Monat ausübe. Aber er habe, so betonte er und schlug sich auf die Brust, doch ein Herz ...

Sie dachte schon, daß er ihr als nächstes anbieten würde, gegen Zahlung einer Geldsumme seinen Herrn zu verraten. Wenn dies der Fall wäre, wollte sie mit Freuden zustimmen. Bei seinen nächsten Worten schwand jedoch diese Hoffnung.

»Mr. Groat ist mein Herr, ich muß seine Anordnungen befolgen. Wenn er sagt: ›Fahren Sie nach Callao oder nach Rio de Janeiro‹, dann muß ich es tun. Aber wenn ich auch seinen Befehlen gehorchen muß, als Kapitän kann ich es nicht dulden, daß eine Frau hier an Bord zu Schaden kommt. Verstehen Sie?«

Sie nickte eifrig und wartete. Anscheinend hatte er noch mehr zu sagen.

»Ich selbst kann mich nicht darum kümmern, daß Ihnen nichts geschieht, und ich kann auch meine Matrosen nicht ständig vor Ihrer Tür Wache stehen lassen. Doch es würde mir nicht zur Ehre gereichen, wenn Sie irgendwie beleidigt würden! Darf ich Ihnen diese Waffe anbieten?«

Sie nahm den Revolver mit einem unterdrückten Freudenschrei.

»Vielleicht erinnern Sie sich später daran, daß José Montigano Ihnen gegenüber als Freund gehandelt hat. Ich werde mich glücklich schätzen ...«

»Oh, ich danke Ihnen, Kapitän, ich danke Ihnen vielmals!« Sie drückte ihm die Hand.

»Also, erinnern Sie sich!« Er hob warnend den Zeigefinger. »Mehr kann ich nicht tun. Wenn ich Sie jetzt verlasse, bin ich wieder der Kapitän, der einen Herrn über sich hat. Sie verstehen den Unterschied?«

Dies alles verwirrte sie ein wenig, aber sie ahnte wenigstens, was er sagen wollte. Dieser vorsichtige, weitblickende Mann wollte allen Teilen gerecht werden.

Er machte eine kleine Verbeugung und ging hinaus. Gleich darauf kam er nochmals zurück.

»Es hat keinen Zweck, Tische und Stühle vor die Tür zu stellen. Das hier ist besser.« Er zeigte bedeutungsvoll auf den Revolver.

## 46

Digby Groat ahnte nichts von diesem Besuch des Kapitäns. Im Laufe der Nacht änderte er seine Meinung. Die Gefahr schien doch weitab zu liegen – Eunice dagegen war hier. Und wenn er wirklich in Bedrängnis kam, hatte das Geld ebensoviel Wert für ihn wie der Wellenschaum, der gegen seine Fenster spritzte.

Hinter dem Schreibtisch war ein kleiner Geldschrank eingebaut. Er schloß ihn auf, nahm den schweren Geldgürtel heraus, leerte eine der Taschen und legte die Banknoten vor sich hin. Es waren Zehntausenddollarscheine. Er zählte vierzig ab, steckte die anderen zurück und verschloß den Gürtel wieder im Geldschrank. Es war jetzt halb sechs, und im Osten färbte sich der Himmel heller.

Digby steckte das Geld für den Kapitän in die Tasche. Er fror im kalten Morgenwind, als er auf Deck kam. Der Brasilianer trug einen Mantel und hatte den Kragen hochgeschlagen. Er stand auf der Kommandobrücke und starrte auf das graue Wasser. Wortlos trat Digby zu ihm hin und drückte ihm die Banknoten in die Hand. Der Kapitän schaute auf das Geld, zählte es und ließ es in die Tasche gleiten.

»Sie sind recht großzügig ...«

»Nehmen Sie jetzt die Wache von der Tür zurück!«

»Warten Sie!« Der Kapitän ging nach unten. Nach einigen Minuten kam er zurück.

Jetzt stand nichts mehr zwischen ihm und ihr – Digby Groat klopfte an die Tür. Er fand auch jetzt Gefallen daran, gewisse Formen zu wahren. Als keine Antwort kam, öffnete er langsam und trat ein.

Eunice stand der Tür gegenüber an der Wand. Die seidenen Vorhänge waren zurückgezogen, die Tür zum Salon stand offen. Sie war vollständig angekleidet und hielt die Hände auf dem Rücken.

»Was wollen Sie?«

»Was könnte ein Mann, allein mit einer so schönen Frau auf hoher See, anderes wollen als ...«

»Bleiben Sie stehen!« rief sie scharf. Der gebieterische Ton veranlaßte ihn, zu gehorchen.

»Aber Eunice, Sie machen soviel Unannehmlichkeiten und Umstände! Das ist sehr töricht von Ihnen – in dieser Situation ...« Langsam, mit glänzenden Augen, kam er näher.

»Bleiben Sie stehen!« wiederholte sie und nahm die Hand mit dem Revolver vom Rücken.

Digby starrte auf die Mündung, die auf ihn gerichtet war, und prallte zurück.

»Legen Sie das Ding weg!« schrie er. »Verdammt, legen Sie es sofort weg! Sie sind doch überhaupt nicht gewöhnt, mit Waffen umzugehen – es könnte ja losgehen!«

»Es soll auch losgehen – und Sie werden mir bedeutend weniger leid tun als der Spanier, den Sie ermordet haben!«

»Um Gottes willen, lassen Sie den Unsinn!« Er wich zurück und wischte sich mit einem seidenen Taschentuch den kalten Schweiß von der Stirn. »Wer hat Ihnen den Revolver gegeben? In Kennett Hall hatten Sie ihn noch nicht. Haben Sie ihn hier gefunden?« Er blickte zum Schreibtisch; eine der Schubladen stand halb offen.

»Darauf kommt es gar nicht an, Mr. Groat. Gehen Sie jetzt aus meiner Kabine und lassen Sie mich in Ruhe!«

»Ich hatte gar nicht die Absicht, Ihnen zu nahezutreten. Es war ganz überflüssig, mich mit dem Revolver zu bedrohen. Ich wollte Ihnen nur gute Nacht sagen.«

»Dazu hätten Sie sechs Stunden früher kommen sollen«, gab sie ironisch zurück.

»Hören Sie zu, Eunice ...« Er wollte sich ihr nähern, doch als sie den Revolver hob und von neuem auf ihn richtete, zog er sich rasch zurück. »Wenn Sie mich derart bedrohen, gehe ich!« rief er und schlug die Tür hinter sich zu.

Sie lehnte sich gegen das Bett, sie war am Ende ihrer Kraft. Wenn sie sich wenigstens etwas hinlegen und ausruhen könnte – schlafen durfte sie nicht, solange die Gefahr nicht gebannt war.

Sie ging in den nebenan liegenden Salon, dann ins Bad, um zu sehen, ob man nicht von dort aus in ihre Räume eindringen konnte. Aber von dieser Seite war sie sicher. Sie hatte alle Paneele nach Geheimtüren abgesucht.

Als sie in den Schlafraum zurückkam, wurde sie plötzlich von hinten angefallen. Digby hatte sich hereingeschlichen und neben der Tür versteckt auf sie gelauert. Er entwand ihr den Revolver, polternd fiel er zu Boden. Seine Hände umklammerten sie, er preßte sie an sich, ihr Rückgrat schmerzte, sie wehrte sich verbissen, stemmte sich gegen ihn. Eine Weile rangen sie keuchend, dann bemerkte er, wie sie zur Tür schaute, und er fuhr herum.

Der kleine Kapitän stand dort, die Hände in die Hüften gestemmt, und beobachtete den Vorgang.

Digby ließ Eunice los.

»Was, zum Teufel, suchen Sie hier?« schrie er. »Machen Sie, daß Sie hinauskommen!«

»Ein Flugzeug ist hinter uns her. Wir haben einen Funkspruch aufgefangen.«

»Was für ein Flugzeug? Wie heißt der Funkspruch?«

»›Nichts gesichtet – fliege nach Süden.‹ Dann ist noch die genaue Lage des Flugzeugs angegeben. Wenn er weiter nach Süden hält, wird Mr. Steele uns sichten.«

Digby erschrak.

»Steele?«

»Ja. Mit diesem Namen ist die Nachricht unterzeichnet. Ich glaube, Sie sollten jetzt mir mir an Deck kommen, Mr. Groat.«

»Ich komme an Deck, wann es mir beliebt!« brüllte Digby. »Verschwinden Sie jetzt!«

Er sah die rasche Bewegung des Kapitäns nicht – ein dröhnender Knall erfüllte die ganze Kabine. Die Holzverkleidung hinter Digbys Kopf splitterte.

»Ich hätte Sie ebensogut auch erschießen können«, sagte der Kapitän. »Aber ich wollte zuerst einmal einen Warnschuß an Ihrem Ohr vorbei abgeben. Kommen Sie bitte mit an Deck!«

Digby gehorchte. Oben lehnte er sich verstört an die Reling und sah finster auf den Brasilianer.

»Sagen Sie mir endlich, was das bedeuten soll, Sie Schwein!«

»Ich habe Ihnen einiges zu sagen, das Sie vermutlich nicht gerne hören.«

Digby dämmerte ein Verdacht.

»Haben Sie ihr den Revolver gegeben?«

»Ja. Ich wollte Sie davor bewahren, unüberlegte Handlungen zu begehen. Spätestens in einer Stunde wird Mr. Steele uns sichten. Ich kann Ihnen auf der Karte zeigen, wo er sich bereits befindet. Wollen Sie sich denn unbedingt noch mehr aufs Gewissen laden?«

»Das ist meine Sache«, zischte Digby Groat. Er glaubte, ersticken zu müssen, wenn die Wut, die sich in ihm aufgespeichert hatte, nicht irgendwie zur Entladung kam.

»Aber es ist auch meine Sache. Ich beabsichtige nicht, in ein englisches Gefängnis zu ziehen. In England ist es mir zu kalt, ich würde den Winter nicht überleben. Es bleibt uns jetzt nur eins – wir müssen unseren westlichen Kurs einhalten. Möglich, daß uns das Flugzeug nicht bemerkt. Wenn es uns aber entdeckt...«

»Machen Sie, was Sie wollen«, sagte Digby kurz, wandte sich ab und ging in seine Kabine.

Er war geschlagen. Das Ende kam heran. Er holte aus der Schreibtischschublade ein Fläschchen mit einer farblosen Flüssigkeit und leerte sie in ein Glas, das er auf dem Tisch bereitstellte. Ein Schluck – er würde sofort einschlafen, alles wäre vorbei. Dieser Gedanke beruhigte ihn.

## 47

Eine kleine Rauchfahne im Süden hatte Jim einer falschen Fährte folgen lassen. Das Schiff erwies sich als Frachtdampfer, der seinen Funkruf aus irgendeinem Grund nicht aufgefangen und beantwortet hatte. Als Jim den Charakter des Schiffes erkannte, drehte er seine Maschine herum und verfolgte einen Kurs nach Nordwesten. Er sah sich nach seinem Passagier um, doch Inspektor Maynard fühlte sich recht wohl auf seinem Sitz.

Das Flugzeug konnte höchstens vier Stunden in der Luft bleiben, und zwei davon waren schon vergangen. Wenn sie mit dem vorhandenen Brennstoff das Land wieder erreichen wollten, konnte Jim nur noch eine halbe Stunde weitersuchen.

Er wollte schon aufgeben, als er in großer Entfernung eine dünne Rauchfahne sah. Das Schiff konnte er noch nicht erkennen. Er sandte einen Funkspruch, aber es kam keine Antwort. Er wartete eine Minute, und als das Stillschweigen anhielt, funkte er dringender. Danach vernahm er einen hohen, schrillen Ton - der Dampfer antwortete. »Was für ein Schiff ist das?« fragte er zurück. Er wartete. Wieder kam das hohe Summen. ›P-e-a-l-i-g-o‹, lautete die Antwort.

## 48

Wenn sie doch entkommen sollten! überlegte Digby Groat in seiner Kabine. Es war immerhin möglich, daß sie allen Verfolgungen entgingen und das Land erreichten, das er sich als Ziel gesetzt hatte. Und wenn sie erst einmal draußen auf offenem Meer waren, weitab von den allgemeinen Schiffahrtswegen, würde auch der kleine Brasilianer seine Haltung ändern. Der Kapitän handelte eigentlich ganz klug. Die Frage allerdings, ob Jim Steele seine Verfolgung so leicht aufgeben würde, blieb offen. Nur – die Zeit konnte da vieles entscheiden.

Er schloß das Glas mit der Flüssigkeit in den Schrank und begab sich wieder auf Deck. Er fand den Kapitän im Gespräch mit dem Funker, und es fiel ihm auf, daß er dauernd nach Norden ausschaute und den Himmel absuchte.

Digby beobachtete den Horizont. Es war kein Schiff in Sicht. Die kleinen Wellen glitzerten im strahlenden Sonnenschein. Eine schwarze Rauchfahne zog sich vom Schiff weit über das Meer hin. Die ›Pealigo‹ stampfte jetzt mit einer Geschwindigkeit von zweiundzwanzig Knoten in der Stunde vorwärts. Der Kapitän betrog ihn also nicht – sie fuhren mit Volldampf nach Westen. Rechts in der Ferne zeigte sich ein unregelmäßiger, hellroter Streifen, die irische Küstenlinie.

Zum erstenmal sah Digby das Schiff bei Tage. Es war eine wunderbare Jacht – schneeweiß gestrichene Decks, blankgeputzte, glänzende Messingstücke, und vorn auf dem Promenadendeck standen unter großen Sonnenschirmen Korbmöbel. Die Stühle sahen so schmuck und einladend aus, daß er sich setzte.

Der Kapitän kam auf ihn zu und reichte ihm wortlos ein Blatt Papier. Digby las:

›Weißes Schiff nach Westen. Meldet Name, Nummer und Heimathafen . . .‹

»Woher kommt das?«

»Möglicherweise von einer Landstation.« Der Kapitän suchte mit dem Fernglas den nördlichen Himmel ab. »Ich sehe nichts. Auch ein Schiff kann ich nirgends entdecken.«

»Wir wollen rückfragen, wer es ist«, schlug Digby vor.

Sie gingen in die Funkkabine. Der Funker hatte die Hörer umgehängt. Plötzlich begann er zu schreiben. Digby beugte sich über ihn, verfolgte die Bewegung des Bleistifts, las: ›Drehen Sie bei – ich komme an Bord.‹

»Was soll das heißen?«

»Ich kann es nicht verstehen«, sagte der Kapitän, machte ein paar Schritte ins Freie und richtete von neuem sein Glas zum Himmel.

»Es kam von ganz nahe, Kapitän, kaum drei Meilen entfernt«, versicherte der Funker.

Der Kapitän rieb sich das Kinn.

»Es wäre das beste, wenn ich stoppte.«

»Sie werden keinen solchen Unsinn machen!« rief Digby ungestüm. »Sie fahren weiter, solange ich Ihnen keinen andern Befehl gebe!«

Digby folgte dem Kapitän zur Brücke. Vor sich, keine halbe Meile entfernt, sahen sie etwas ins Meer fallen. Das Wasser spritzte hoch auf.

»Was war das?« fragte Digby.

Bevor er eine Antwort bekam, schoß eine große Rauchwolke aus dem Meer empor, die sich schnell verbreitete und einen undurchdringlichen Schleier bildete. Der Kapitän hielt sich die Hand über die Augen und schaute empor. Direkt über dem Schiff, winzig klein und kaum auszumachen, schwebte ein silberhelles Flugzeug.

»Sehen Sie – in der Luft kann sich manches ereignen...« Er stellte den Signalhebel für den Maschinenraum auf ›Halt‹.

»Was war es denn?« fragte Digby nochmals.

»Eine Rauchbombe. Und ich ziehe eine Rauchbombe in einer halben Meile Entfernung einer echten Bombe auf mein Schiff vor!«

Digby starrte ihn einen Moment an, sprang mit einem Wutschrei auf ihn zu und riß den Hebel auf ›Volldampf voraus‹. Aber sogleich packten ihn zwei Matrosen von hinten, der Kapitän drehte den Signalhebel wieder auf ›Halt‹ und begab sich zum Funker.

»Melden Sie dem Flieger, dem Sie ja soeben schon den Namen des Schiffes mitgeteilt haben, daß ich Mr. Digby Groat in Ketten legen lasse.«

Aus dem blauen Himmel fiel das silberhelle Flugzeug herab, kreiste erst in großem Bogen um das Schiff und ging dann wie ein Vogel aufs Wasser nieder, dicht neben der Jacht.

Der Kapitän hatte schon vorher ein Boot heruntergelassen, und während die Matrosen sich noch abmühten, Groat, der wie ein Wahnsinniger um sich schlug, in Fesseln zu legen, stieg Jim Steele mit Inspektor Maynard an Bord.

Penthouse. Das Format für Leser mit Format.

# Ngaio Marsh
# IM GOLDMANN-TASCHENBUCH

„Beste britische Krimitradition"
*Frankfurter Allgemeine Zeitung*

Von Ngaio Marsh im Goldmann Verlag
lieferbare Titel:

**Der Champagner-Mord (4917)**
**Ouvertüre zum Tod (4902)**
**Mylord mordet nicht (4910)**
**Fällt er in den Graben, fällt er in den Sumpf (4912)**
**Der Tod im Frack (4908)**
**Tod im Pub (4904)**
**Der Handschuh (4934)**
**Das Todesspiel (4936)**

 Verlangen Sie das Gesamtprogramm beim
Goldmann Verlag  Neumarkter Straße 18 · 8000 München 80

# LIT. KRIMI
# IM GOLDMANN-TASCHENBUCH

Castangs Stadt ist real, erfüllt von pulsierendem Leben, erschreckend und heiter — und bewohnt von den Phantasiegestalten eines höchst originellen Autors: Henri Castang und seinen Kollegen, Freunden und Bekannten. Castang, der Kriminalinspektor, der für Commissaire Richard den Mord an dem Finanzier Etienne Marcel aufklären soll ...

**Nicolas Freeling**
**Castangs Stadt**
Bestell-Nr. 5221 DM 6,80

Im Jahre 1886 steht Adelaide Bartlett im Old Bailey vor Gericht — unter der Anklage, ihren Mann vergiftet zu haben. Viele Indizien deuten auf ihre Schuld — doch Adelaide wird freigesprochen!
Ein Sittenbild aus dem viktorianischen England und zugleich ein faszinierender, spannender Kriminalroman.

**Julian Symons**
**Der Fall Adelaide Bartlett**
Bestell-Nr. 5220 DM 6,80

Verlangen Sie das Gesamtprogramm beim
Goldmann Verlag · Neumarkter Straße 18 · 8000 München 80

# LIT. KRIMI

# IM GOLDMANN-TASCHENBUCH

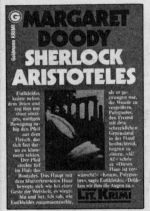

An einem frühen Septembermorgen des Jahres 332 v. Chr. wird ein reicher, edler Bürger von Athen tot aufgefunden. Der junge Stephanos, Schüler des Aristoteles, hat die Pflicht, seinen Vetter Philemon vor dem Areopag zu verteidigen. Vor dem authentischen Hintergrund des antiken Athens klären der große Lehrer und sein eifriger Schüler einen im doppelten Sinn klassischen Kriminalfall.

**Margaret Doody**
**Sherlock Aristoteles**
Bestell-Nr. 5215 DM 6,80

Privatdetektiv Nigel Strangeways hat sich von seinem Aufenthalt in Cabot literarische Anregungen erhofft. Doch er wird enttäuscht. Im Augenblick gibt es in der amerikanischen Universitätsstadt nur ein Gesprächsthema: Mord.

**Nicholas Blake**
**Der Morgen nach dem Tod**
Bestell-Nr. 5217  DM 5,80

Verlangen Sie das Gesamtprogramm beim
Goldmann Verlag · Neumarkter Straße 18 · 8000 München 80

# Sara Woods
# IM GOLDMANN-TASCHENBUCH

Die englische Presse urteilt:
„Eine würdige Nachfolgerin von Agatha Christie."

Von Sara Woods im Goldmann Verlag
lieferbare Titel:

**Ihre Tränen waren Tod** (4921) DM 5,80

**Das Haus zum sanften Mord** (4915) DM 4,80

**Kommt nun zum Spruch** (4913) DM 4,80

**Der Mörder tritt ab** (4878) DM 4,80

 Verlangen Sie das Gesamtprogramm beim
Goldmann Verlag · Neumarkter Straße 18 · 8000 München 80

## ACTION KRIMI
# IM GOLDMANN-TASCHENBUCH

Als der Privatdetektiv Kevin Fitzgerald die legendäre Charlotta Renn kennenlernt, ist ihr Ruhm als Filmstar längst verblaßt. Und als er den Auftrag übernimmt, ihren verschollenen Sohn zu suchen, gerät er in eine Welt aus Neid und Erpressung, aus Geld und aus Blut. Schauplatz: New York.

**Tom Topor**
**Verblichener Ruhm**
Bestell-Nr. 5424 / DM 5,80

Der namenlose Privatdetektiv, aus vielen Krimis von Pronzini bekannt, wird zur Polizei von San Francisco zitiert, weil man seine Visitenkarte bei einer ermordeten jungen Lady gefunden hat. „Namenlos" folgt der roten Spur, die im eisigen Wasser des Pazifiks endet.

**Bill Pronzini**
**Rote Spur**
Bestell-Nr. 5429 DM 4,80

 Verlangen Sie das Gesamtprogramm beim
Goldmann Verlag · Neumarkter Straße 18 · 8000 München 80

# ACTION KRIMI
# IM GOLDMANN-TASCHENBUCH

Sam Briscoe ist der neue Held des amerikanischen Autors Pete Hamill, ein Mann, den man als „tough guy" bezeichnet. Er liebt Whisky, Frauen, schnelle Autos und ist Reporter aus Leidenschaft.
Das alles teilt er mit seinem geistigen Vater, der dieser Geschichte beinahe autobiographische Züge gibt.

**Pete Hamill**
**Ich klau' dir eine Bank**
Bestell-Nr. 5413 DM 4,80

Der Fernverkehr am Highway-Kreuz bei der amerikanischen Kleinstadt Walterburg bringt Geld in die Kassen einer privaten Groß-Raststätte, doch hinter der glänzenden Fassade verbergen sich Spannungen und Konflikte. Ein wegen Betrügereien entlassener Barmixer denkt sich einen raffinierten Plan aus, wie er zu sehr viel Geld kommen und seinen tödlichen Haß befriedigen kann. John D. MacDonald wurde mit dem Edgar-Allan-Poe-Preis ausgezeichnet.

**John D. MacDonald**
**Die mexikanische Heirat**
Bestell-Nr. 5420 DM 4,80

 Verlangen Sie das Gesamtprogramm beim
Goldmann Verlag · Neumarkter Straße 18 · 8000 München 80

# **Ernestine Wery**
# IM GOLDMANN-TASCHENBUCH

**Eine deutsche Kriminalautorin mit Stil
und psychologischem Einfühlungsvermögen**

Von Ernestine Wery im Goldmann Verlag
lieferbare Titel:

**Die Hunde bellten die ganze Nacht** (5608) DM 6,80

**Sie hieß Cindy** (5606) DM 4,80

**Als gestohlen gemeldet** (5602) DM 4,80

**Die Warnung** (4857) DM 4,80

**Auf dünnem Eis** (4830) DM 5,80

 Verlangen Sie das Gesamtprogramm beim
Goldmann Verlag · Neumarkter Straße 18 · 8000 München 80

# Will Berthold
# IM GOLDMANN-TASCHENBUCH

Ein Meister des packenden Reportage-Romans.
Ein engagierter Zeuge der Zeit.

**Heißes Geld.** Roman. 6540

**Operation Führerhauptquartier.** Roman. 6515

**Geld wie Heu.** Roman. 6420

**Inferno. I: Die ersten Blitzsiege.** 6414

**Inferno. II: Siege und Niederlagen.** 6415

**Revolution im weißen Kittel.**
Hoffnungen und Siege der modernen Medizin. 3977

**Etappe Paris.** Roman. 3903

**Vom Himmel zur Hölle.** Roman nach Tatsachen. 3842

**Auf dem Rücken des Tigers.** Roman. 3832

**Fünf vor zwölf — und kein Erbarmen.** Roman. 3702

**Prinz-Albrecht-Straße.** Roman. 3673

**Feldpostnummer unbekannt.** Roman. 3539

**Brigade Dirlewanger.** Roman. 3518

 Verlangen Sie das Gesamtprogramm beim
Goldmann Verlag · Neumarkter Straße 18 · 8000 München 80

# Bestseller
# IM GOLDMANN-TASCHENBUCH

Sidney Sheldon
Zorn der Engel
6553
(Erscheint Febr. 83)
Kathleen E. Woodiwiss
Wie Staub im Wind
6503
Collins/Lapierre
Der fünfte Reiter
6524
(Erscheint Dez. 82)
Heinz G. Konsalik
Sie waren Zehn
6423
Jack Higgins
Die Nacht von Sinos
6513
Willi Heinrich
So long, Archie
6544
(Erscheint Nov. 82)
Robert Sabatier
Die Kinder
des Sommers
6532
(Erscheint Jan. 83)
Harold Robbins
Die Aufsteiger
6407
Will Berthold
Heißes Geld
6540
(Erscheint Febr. 83)
Michael Horbach
Laub vor dem Sturm
6491

Verlangen Sie das Gesamtprogramm beim Goldmann Verlag · Neumarkter Str. 18 · 8 München 80

# Goldmann
# Reisebegleiter

*Kundige, informative Einführungen in europäische Ferienlandschaften, ihre Geschichte und Gegenwart.*

*Eine unentbehrliche Lektüre vor der Reise, auf und nach der Reise - oder anstatt der Reise!*

**Johannes Gaitanides**
**Das Inselmeer der Griechen**
Landschaft und Menschen der Ägäis.
Mit 16 Farbtafeln
(6901)

**Humbert Fink**
**Adriatische Ufer**
Von Montenegro bis Istrien, von Venetien bis Apulien.
Mit 16 Farbtafeln
(6902)

**Humbert Fink**
**Am Anfang war die Ägäis**
Von Inseln und Küsten.
Mit 12 Farbtafeln
(6903)

**Humbert Fink**
**Iberische Sonne**
Das mediterrane Spanien von Katalonien bis Andalusien.
Mit 16 Farbtafeln
(6904)

**Humbert Fink**
**Anatolische Elegie**
Vom Bosporus bis Antiochia.
Mit 16 Farbtafeln
(6906)

# Arthur C. Clarke
# IM GOLDMANN-TASCHENBUCH

**Der berühmteste SF-Autor Englands**

23009 — Die sieben Sonnen

23011 — In den Tiefen des Meeres

23054 — Verbannt in die Zukunft

23070 — Die letzte Generation

Verlangen Sie das Gesamtprogramm beim
Goldmann Verlag · Neumarkter Straße 18 · 8000 München 80

# GOLDMANN TASCHENBÜCHER

## Informativ · Aktuell
## Vielseitig · Unterhaltend

Allgemeine Reihe · Cartoon
Goldmann Werkausgaben · Großschriftreihe
Goldmann Reisebegleiter
Goldmann Klassiker · Gesetzestexte
Goldmann Ratgeber
Sachbuch · Stern-Bücher
Grenzwissenschaften/Esoterik
Science Fiction · Fantasy
Goldmann Krimi
Regionalia · Austriaca · Goldmann Schott
ZDF-Begleitmaterialien
Goldmann Magnum · Citadel Filmbücher
Goldmann Original

Goldmann Verlag · Neumarkter Str. 18 · 8000 München 80

Bitte senden Sie mir das neue Gesamtverzeichnis

Name _____
Straße _____
PLZ/Ort _____